Jochen Kunath

Dem Leben Raum geben

Theologische Orientierungen

Theological Orientations

Band / Volume 38

LIT

Jochen Kunath

Dem Leben Raum geben

Ein Werkbuch Diakonische Theologie

LIT

Gedruckt auf alterungsbeständigem Werkdruckpapier entsprechend
ANSI Z3948   DIN ISO 9706

Bibliografische Information der Deutschen Nationalbibliothek
Die Deutsche Nationalbibliothek verzeichnet diese Publikation in der
Deutschen Nationalbibliografie; detaillierte bibliografische Daten sind
im Internet über http://dnb.dnb.de abrufbar.

ISBN 978-3-643-14608-3 (br.)
ISBN 978-3-643-34608-7 (PDF)

© LIT VERLAG Dr. W. Hopf Berlin 2020
Verlagskontakt:
Fresnostr. 2   D-48159 Münster
Tel. +49 (0) 2 51-62 03 20
E-Mail: lit@lit-verlag.de   http://www.lit-verlag.de

Auslieferung:
Deutschland: LIT Verlag, Fresnostr. 2, D-48159 Münster
Tel. +49 (0) 2 51-620 32 22, E-Mail: vertrieb@lit-verlag.de

E-Books sind erhältlich unter www.litwebshop.de

Dem Leben Raum geben
Ein Werkbuch Diakonie

„WIR WERDEN EINGETAUCHT / UND MIT DEN WASSERN DER SINTFLUT GEWASCHEN"

Mit diesen Worten des Gedichtes „Bitte" von Hilde Domin begann der Gottesdienst zur „Indienstnahme" der komplett umgebauten Kapelle des Evangelischen Diakoniekrankenhauses Freiburg am 19. Oktober 2018. Mit der Indienstnahme verband sich der Wunsch und die Hoffnung, dass Menschen im Krankenhaus in die Kapelle „eintauchen" werden und dort wie aus der Sintflut des eigenen Lebens wieder etwas heiler auftauchen.

Die renovierte kleine Krankenhauskapelle steht nicht nur in der großen Tradition von Kirchenbauten, die alle von der heilsamen Gegenwart Gottes in Raum und Zeit zeugen, sondern sie steht auch in der Tradition der Kapellen, die das Evangelische Diakoniekrankenhaus seit seiner Gründung im Jahre 1898 gebaut hat. In dieser Reihe ist die komplett umgebaute Kapelle die fünfte.

Nachdem 1898 das Evangelische Diakoniekrankenhaus in Herdern gebaut war, wurde 1899 die erste Kapelle im Erdgeschossflügel des Gebäudes eingeweiht. Lange gab diese Kapelle den über 150 Diakonissen Möglichkeit zu Gebet, Andacht und Gottesdienst. In den 1960er Jahren wurde der Platz für den Betrieb des Krankenhauses immer knapper,

es musste an- und umgebaut werden und die erste Kapelle musste den Umbaumaßnahmen weichen. Es wurde eine neue, die zweite Kapelle, außerhalb des eigentlichen Krankenhausgebäudetraktes, aber auf dem Gelände an der Hauptstraße/Ecke Karlstraße errichtet. 1964 wurde sie feierlich eingeweiht. Sie bot Platz für die mittlerweile 100 Diakonissen und war für die nächsten knapp 20 Jahre die spirituelle Heimat für die älter und kleiner werdende Schwesternschaft. Anfang der 1980er Jahre wurde das komplette Krankenhaus in Herdern an die Universitätsklinik Freiburg verkauft und das Diakoniekrankenhaus in Landwasser neu erbaut. Die ehemalige Kapelle an der Karlstraße wurde zum Hörsaal umfunktioniert. Nun wurden zwei neue Kapellen errichtet: als insgesamt dritte eine im neuen Mutterhausgebäude in der Burgunderstraße und als vierte die Kapelle im neuen Krankenhaus in Landwasser. Diese vierte wurde 1981 eingeweiht und war der Vorgängerbau der nun am 19. Oktober 2018 eingeweihten und - da komplett umgebaut - wohl fünften Kapelle des Diakoniekrankenhauses.

Diese kleine geschichtliche Entwicklung spiegelt nicht nur die spannende Geschichte des Miteinanders von Mutterhausdiakonie und Unternehmensdiakonie wieder, sondern zeigt auch, wie zeitgebunden vor allem Kapellenbauten sind. Vielleicht anders als bei Kirchenbauten sind Kapellen „flexibler", zeitabhängiger, vergänglicher, aber auch wandelbarer. Im Folgenden soll in Form von Einzeltexten, die nach und nach entstanden sind, die inhaltliche und konzeptionelle Entstehungsgeschichte der umgebauten Kapelle etwas nachgezeichnet werden, angereichert und jeweils fortgeführt durch Bilder, die den gestalterischen und baulichen Fortgang zeigen und mit den Texten zusammen einen Gesamteindruck vermitteln wollen. So ist ein Art „Werkbuch" entstanden.

Für die bauliche Gestaltung der „neuen" Kapelle ausschlaggebend war die Anfang 2016 getroffene und mutige Entscheidung des Vorstandes des Krankenhauses, die bestehende Kapelle nicht nur etwas zu renovieren, sondern umfassend umzubauen. Es sollte nur noch der Raumkubus bestehen bleiben, das gesamte „Innere" sollte neu gemacht werden, auch die Dachkonstruktion. So entstand die spannende Aufgabe, mit einer vorgegebenen bestehenden Raumstruktur eine „neue Kapelle" zu gestalten. Im Vordergrund stand das Anliegen, der Mehrfunktionalität einer zeitgemäßen Kapelle räumlich und gestalterisch Rechnung zu tragen, also mehreren Bedürfnissen und spirituellen Suchbewegungen in einem Raum ihren spezifischen Raum zu geben. So entstand die Idee von einem Raum mit fünf Räumen, die jeweils einem religiösen Akt entsprechen. Diese Grundspannung von fünf Räumen in einem Raum und damit die Frage, wie man sowohl den einzelnen Räu-

men gerecht wird als auch dem Gesamtraum, wie man also es gestalterisch bewerkstelligt, ein einheitliches Raumgefühl herzustellen und gleichzeitig die Möglichkeit, sich in verschiedenen Räumen zu beheimaten, zu gewährleisten, hat die Diskussionen fortan bestimmt. Dabei stand und steht theologisch gesprochen in der Mitte die Frage nach der Ermöglichung religiöser Erfahrung und deren Verbindung zur ästhetischen Erfahrung, und beides auf der Folie dessen, dass es um eine im Krankenhaus evozierte Erfahrung von Patienten, Mitarbeitenden und Gästen gleichermaßen geht, um jenes „Eintauchen".

Mit der Konzeptionierung der neuen Kapelle, die mit den ersten bildlichen und textlichen Skizzen begann, gingen weitere Konzeptbildungen einher, die sich alle gegenseitig beeinflussen und miteinander in Verbindung stehen. Diese weiteren drei Konzepte sind hier in der zeitlichen Reihenfolge ihrer Entstehung wiedergegeben. Das gegen Ende beigefügte Konzept versucht, zu bestimmen und zu beschreiben, welche Gottesdienste und welche spirituellen Angebote im Krankenhaus und in der neu gestalteten Kapelle stattfinden könnten, wie also die Kapelle mit Leben gefüllt werden könnte. Das zweite weiter unten wiedergegebene Konzept begründet und entfaltet, was die Aufgabe des theologischen Vorstandes am Diakoniekrankenhaus sein könnte und wie (von ihm) die diakonische Kultur mit gestaltet werden kann. Das zuerst aufgeführte Konzept spannt den Rahmen am weitetesten. Es versucht, darzulegen, inwiefern das Evangelische Diakoniekrankenhaus als diakonischer und als kirchlicher Ort verstanden werden kann.

Alle hier dargebotenen vier Konzepte und Begründungszusammenhänge kreisen um eine Frage, die in verschiedenen Anläufen und zeitlich gedachten Zusammenhängen entwickelt wird. Schlüsselbegriff ist hierbei der theologisch verstandene Begriff des Lebens und der Gedanke, dass räumlich die Kapelle und zeitlich die dort stattfindenden Angebote menschliches Leben in seiner im Krankenhaus sich ereignenden Desintegration Gott mit diesem Leben verknüpfen und ihn heilsam erfahrbar machen. Dieser Gedanke wird am Ende sozusagen als bündelnder Rück- und Ausblick noch einmal ausführlicher entfaltet. Insofern ist dieses Buch mehr als ein Bericht über Idee und Gestaltung einer neuen Kapelle. Es ist der Versuch, Theologie von Grunde auf diakonisch zu denken. Mit Bedacht ist das Werkstatthafte belassen worden. Kein Text wurde für die Zusammenstellung inhaltlich nachträglich bearbeitet. Dies kommt dem Prozesscharakter theologischen Denkens am nächsten. Theologie ist Nachfolge Christi.

Diese „theologische Nachfolge" geschieht immer in Gemeinschaft. Viele haben auf diesem Weg meine Gedanken geprägt. Für diese theologischen Weggefährten bin ich dankbar. Von denen man lesen möchte, finden sich am Ende des Buches.

Dass dieses Buch zustande kam, verdanke ich dem beharrlichen Zutrauen meiner Frau Elke Wahl. Ohne sie wäre das Buch viel ärmer.

Großzügige finanzielle Unterstützung für den Druck habe ich von meiner Badischen Landeskirche und vor allem von Dietzig Architekten erfahren.

Bei den Korrekturen war mir meine Tochter Dominique behilflich und beim Layout in diakonischer Verbundenheit Joachim Maier von der Mobilen Jugendarbeit Weingarten-Ost. Schließlich habe ich meinem Verleger Dr. Michael J. Rainer aus Münster zu danken.

7

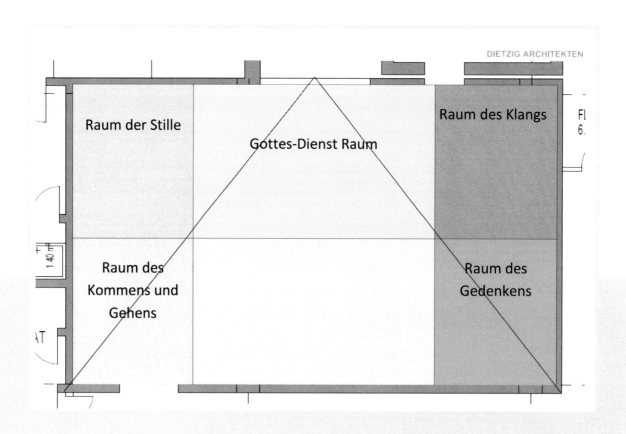

DIETZIG ARCHITEKTEN

Raum der Stille

Raum des Klangs

Gottes-Dienst Raum

Raum des Kommens und Gehens

Raum des Gedenkens

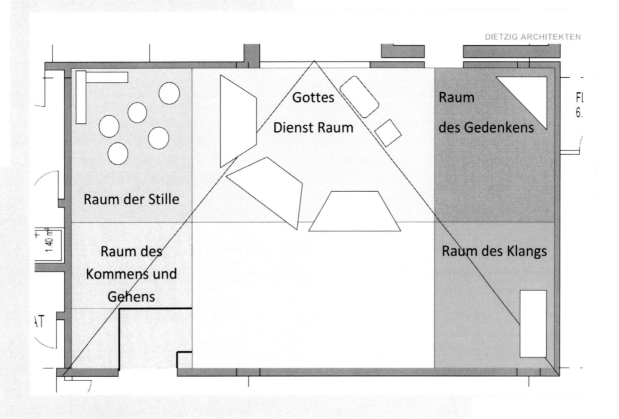

Raum der Stille

Raum des Kommens und Gehens

Gottes Dienst Raum

Raum des Gedenkens

Raum des Klangs

1. Räume sind durch Funktionen beschrieben. Ihre Gestaltung folgt diesen Funktionen, ermöglicht sie und fügt diesen über die jeweilige Funktion hinausgehende Aspekte hinzu. Ihre ästhetische Gestaltung geht über ihre Funktion hinaus.

2. Die allermeisten Räume dienen einer bestimmten Funktion des Menschseins.

3. Die Funktion eines „Kirchenraumes" ist durch die Aufgabe bestimmt, hier Gott seinen Gestaltungsraum zu gewähren, zumindest nicht zu verhindern, Begegnung und Nähe mit Gott zu ermöglichen und so dem grundlegenden menschlichen Bedürfnis nach Religion, Spiritualität und Transzendierung Raum zu geben.

4. Gottesbegegnung geschieht und erschließt sich, wo immer Gott will, und somit an vielfältigsten Orten, vom Dornbusch, über eine Bergspalte bis hin zur Krippe von Bethlehem und dem Kreuz Jesu.

5. Ein Kirchenraum ist ein von Menschen gestalteter Raum für solche Gottesbegegnung. Er wird von Gott in Besitz und Dienst genommen, damit Gott sich darin offenbart und erschließt, dies wiederum zum Dienst an seinen Menschen.

6. In Jesus Christus hat sich Gott als unbedingte Liebe erschlossen. Jeder christliche Kirchenraum dient der Begegnung mit Jesus Christus als fleischgewordener Gott und soll der Liebe Gottes zu seinen Menschen Form geben und sie erfahrbar machen.

7. Ein Kirchenraum ist Segensraum, in dem Menschen Gottes schöpferisches Ja zum Leben als sie begleitende Liebe spüren.

8. Ein Kirchenraum hat eine sozial-kommunikative, repräsentative und symbolische Dimension. Er stellt etwas dar, er verbindet und weist über sich hinaus.

9. Er trägt Spuren des Lebens, das sich in ihm vollzogen hat, stellt also einen gelebten Raum dar, und er evoziert Spuren im Leben derer, die diesen Raum betreten und mit ihrem Leben füllen, ob länger, kurz oder auf bestimmte Zeit.

10. Ein Kirchenraum erzählt von der in ihm sich vollzogenen Geschichte, er ist Vergegenwärtigung Gottes und seines Menschen und er setzt Zukunft aus sich heraus, indem er nicht spurlos an denen bleibt, die sich in ihm aufhalten.

11. Ein Kirchenraum ist ein göttlich gestimmter Raum, seine Stimmung erzeugt bei denen, die in ihm sind, Resonanz und Wirkung. Er ist Bewegung und setzt in Bewegung.

12. Ein Raum ist handlungsbezogen und szenisch zu verstehen (so wie dies der deutsche Architekt und an der philosophischen Phänomenologie orientierter „Raumtheoretiker" Wolfgang Meisenheimer tut).

13. Insofern ist ein Kirchenraum schöpferisch: Er trägt in sich die anfängliche und fortgesetzte Kraft, bei Menschen etwas zu bewirken, sie zu transformieren und so ihr Leben in den Horizont der Liebe Gottes hineinzustellen.

14. „Die Kunst, dem Glauben Raum zu geben, vollzieht sich im öffentlichen Kirchenraum und übt eine Grundfunktion des Glaubens ein, die sich an vielen weiteren Orten der Lebensgestaltung von Christen fortsetzt, indem sie für die Leistung von Räumen im Leben wie im Glauben sensibilisiert. Der Kirchenraum ist als ein transparenter Übergangsraum zwischen Lebens- und Glaubensgestaltung zu verstehen, im Sinne eines spirituellen Potenzials, das in die jeweils eigene Lebensgestalt transformiert werden kann. Der Umgang mit dem Kirchenraum und die persönliche Gottesbeziehung stehen zueinander in einer komplexen Verbindung. Der Kirchenraum als Übergangsraum hilft bei der Transformation der Raumkunst in die eigene Lebensgestalt auch die Gottesbeziehung in meinen eigenen Lebensräumen zu verorten. Er erschließt mir daher entscheidende Aspekte meines Lebens." (Raschzok S.20f.)

15. Ein Kirchenraum als Übergangsraum hat die Funktion, Menschen bei den nie abgeschlossenen religiösen Konversionsprozessen ihres Lebens, behilflich zu sein.

16. So ist ein Kirchenraum diakonisch im weiteren Sinne: Er schenkt Menschen Teilhabe am Leben.

17. Er erfüllt für Menschen in Übergangsprozessen verschiedene einzelne Funktionen: Er bewahrt auf, orientiert, arrangiert, erbaut, beruhigt, verlangsamt, sammelt, gibt Geborgenheit, beheimatet, berührt, erweitert, verstört, setzt (neu) in Beziehung, gibt Mut, provoziert, transformiert, richtet aus und sendet.

18. Er ist ein Erfahrungsraum mit der Erfahrung (so hat das der systematische Theologe E. Jüngel treffend beschrieben) und stellt somit eine religiöse Grundierung alltäglichen Lebens dar.

19. So „vollzieht" sich ein Kirchenraum in der Dialektik von Aufnehmen und Aufheben. Er schafft Übergangsgeschehen und transformiert. Insofern ist er auch immer Gegenraum zu dem, was er aufgehoben und transzendierend verändert, anders gemacht hat.

20. Nicht der Kirchenraum an sich vermag dies, sondern erst der lebendige Gott, der im Kirchenraum sich vergegenwärtigt. Protestantisch vollzieht er dies „mit, in und unter dem Wort".

21. Ein Kirchenraum im Krankenhaus ist ein Kirchenraum im Falle des Krankwerdens, des Krankseins, des Gesundens, Sterbens und Geborenwerdens.

22. In diesem Kasus hat ein Kirchenraum im Krankenhaus seinen Ort und seine „göttliche Funktion".

23. Im Diakoniekrankenhaus hat ein Kirchenraum dem diakonischen Selbstanspruch des Krankenhauses entsprechend eine explizit diakonische Gestalt.

24. Die (oben beschriebene) Teilhabe am Leben in Liebe wird im Kirchenraum eines Diakoniekrankenhauses dadurch verwirklicht, dass Übergangsprozesse im Kasus „Krankenhaus" repräsentiert und Menschen in die Lage versetzt werden, diese zu erleben und zu gestalten.

25. Dies geschieht, daneben, dass die allgemeinen Funktionen eines Kirchenraums (siehe oben These 17) beachtet werden, speziell dadurch, dass das „Leben" im Krankenhaus im Kirchenraum annehmbar repräsentiert und aufhebend transzendiert wird.

26. Dadurch entsteht ein „Andersraum" zur Welt des Krankenhauses, der aber dessen „Leben" aufgreift, „annimmt", aber zugleich in hilfreicher Weise entfremdet/ transzendiert. Dieser Raumbewegung kann der, der im Krankenhaus den Kirchenraum betritt, besucht, auf bestimmte Zeit bewohnt, nachgehen.

27. „Bestenfalls" (konzeptionell gesehen) zeichnet dies den „Weg" der in Jesus Christus offenbar gewordenen Liebe nach. Dann gewinnt Christus Gestalt im Kirchenraum.

28. So können Themen, Charaktere und Verortungen/Funktionen der Raumgestaltung näher beschrieben werden:

29. Raumthemen: Geboren werden, Krank sein, gesund werden, Leiden und Sterben.

30. Raumcharakter: Subjektivierung (Gegenpol zu Verdinglichung), Beziehungshaftigkeit (Gegenpol zu Isolation), Privatheit/Schutz/Vertrauen (Gegenpol zu Veröffentlichung/Verunsicherung), Ruhe/ Verlangsamung/Ewigkeit (Gegenpol zu Schnelligkeit/Zeitlichkeit), Übernützlichkeit (Gegenpol zu Funktionalität/Operationalisierbarkeit).

31. Explizite Orte des Übergangs: Raum der Stille, Raum des Lebens (Gottesdienstraum), Raum der Zeit (des Gedenkens) und Raum des Übergangs (Raum des Kommens und Gehens).

32. Ein Kirchenraum im christlichen Krankenhaus kann für sich beanspruchen, dessen Mittelpunkt zu sein, da in ihm das Krankenhaus in seiner ganzen Thematik abgebildet wird und Menschen in der Begegnung mit Gott bei den Lebens prägenden Konversionsprozessen unterstützt werden.

33. Der Raum der Kapelle wird als Rechteck angesehen, seine Ausrichtung erhält es/ er durch das große Fenster im Südwesten. Es dient als visueller Mittelpunkt des Raumes. Ihm gegenüber ist der Eingang im Nordosten.

34. Der Raum wird in acht gleichmäßige Rechtecke aufgeteilt, diesen acht Rechtecken werden Funktionen bzw. Einzelräume zugeschrieben.

35. Den vier Einzelräumen an den Ecken des Gesamtraumes werden bestimmten Orte/Funktionen zugeordnet; die restlichen vier Einzelräume werden zu einem Raum zusammengenommen.

36. Dieser Raum wird noch einmal durch eine weitere Raumstruktur zugeschnitten und mit den anderen verbunden. Diese Raumstruktur ist ein Dreieck, das seine „Spitze" in der Mitte des großen Fensters hat und sich bis an die gegenüberliegenden Ecken des Gesamtraumes erstreckt. Dieses Dreieck bildet die (Licht-)Epiphanie des dreieinigen Gottes ab und umschreibt den eigentlichen Gottes-Dienst-Raum.

37. Den vier anderen Einzelräumen werden folgende Funktionen zugschrieben: Raum der Stille, Raum des Klangs, Raum des Gedenkens und Raum des Kommens und Gehens.

38. Der Raum des Kommens und Gehens ist der Eingangstür zugeordnet; der Raum des Gedenkens und der Raum der Stille sind gegenüber zugeordnet und generell austauschbar, daraus ergibt sich die Verortung des Raums des Klangs.

39. Der Raum des Kommens und Gehens wird strukturiert, indem eine andere Art des Zugangs zum Gesamtraum geschaffen wird, dieser ermöglicht ein strukturierteres Hinein- und Hinausgehen in bzw. aus dem Raum. Der Besucher tritt in den Raum wie in einen Gang (an der nördlichen Seite) und die im Raum befindlichen Personen im „Raum der Stille" und im „Gottes-Dienst-Raum" bleiben von ihm zunächst unberührt. Nur zum „Raum des Gedenkens" besteht ein direkterer Zugang, dies entspricht dem kollektiven Charakter des Gedenkens.

40. Der Gottesdienstraum bildet in sich einen „permeablen Raum": durch die konkrete Einrichtung (Stühle, Altar, Pult) wird er auf eine bestimmte Art festgeschrieben. Die Zuordnung der Einrichtungsgegenstände bildet noch einmal ein Rechteck (Quadrat) im Dreieck. Dieser liturgische Raum hat seine Ausrichtung gleichmäßig zum großen Fenster (Mitte). Die beiden Pole des liturgischen Geschehens - Liturg/Pfarrer und Gemeinde - werden beide vom Lichteinfall getroffen und gut protestantisch gleichwertig als Gesamtraum wahrgenommen. Die Stuhlgruppen werden ausgerichtet an den beiden Grundseiten des Gesamtraumes und am rechten Winkel auf dem Schenkel des (trinitarischen) Dreiecks und im (eckigen) Halbkreis angeordnet; dem gegenüber treten Altar und Pult. Es wäre auch denkbar, dass ein freistehendes Kreuz an den Ort des Altars kommt und der Altar in die Mitte des Gottesdienstraumes zu stehen kommt.

41. Der Raum der Stille benötigt an den Wänden/in der Ecke die Möglichkeit, sich zu konzentrieren, zu sammeln und „Reflexionen" wiederzugeben; Sitzmöglichkeiten sind lose angeordnet. Der Raum ist vom „Gottes-Dienst-Raum" durch den Stuhlblock schützend abgetrennt.

42. Der Raum des Gedenkens bietet keine Möglichkeit, sich hinzusetzen. Er ist als „Stehraum" gedacht. Gedenken geschieht in Achtung und Respekt vor dem, dessen man gedenkt. In der Ecke befindet sich ein Erinnerungselement, das individuell an die Verstorbenen und Geborenen denken lässt. Namen spielen hier eine übergeordnete Rolle.

43. Diese vier Räume versuchen Raum zu sein für die unter These 30 genannten Übergangsmomente: Subjektivierung, Beziehungshaftigkeit, Privatheit/Schutz/Vertrauen, Ruhe/Verlangsamung/Ewigkeit und Übernützlichkeit/Reichtum.

44. Eine offene Frage ist die Materialität des Raumes und insbesondere der Umgang mit den zahlreichen in die Wände eingelassenen Einbauschränken. Wenn diese blieben, so könnten diese mit zwei Funktionen versehen werden:

45. Eine erste Funktion wäre die bisherige: Sie dienten der Aufbewahrung. Die zweite Funktion bestünde darin, als eine Art „Vitrine" zu dienen.

46. In diesen „Vitrinen" wären obige unter These 29 genannten Grundthemen des Krankenhauses abzubilden; z.B. durch künstlerische Gestaltungen zu diesen Themen.

47. Diese oder andere Gestaltungselemente (z.B. Stelen) in der Kapelle könnten auch auf dem Weg vom Foyer in die Kapelle (und wieder zurück) zu finden sein. Somit würden sich auf diesem Weg in die Kapelle die Wege des Lebens und Sterbens, des Krank- und Gesundwerdens im Krankenhaus abbilden und in der Kapelle selbst transzendiert werden (Annahme und Aufhebung im obigen Sinne).

48. Für den gesamten Kapellenraum und den Weg zur Kapelle könnte der „Dreiklang" der Materialität Holz, Stein/Granit und Glas gestalterisch maßgebend sein.

49. So könnte der Boden in der Kapelle ein dunklerer Holzboden sein, die Wände aus bloßen „Stein" (o.ä.) und die Vitrinen aus Glas.

50. Altar, Kreuz und Pult sowie die Gestaltungselemente auf dem Weg in die Kapelle könnten ebenfalls aus diesen bzw. aus jeweils einer dieser Materialien bestehen.

1. Das Material sollte in Korrespondenz zum Material des „christlichen Erscheinungsbild" im Foyer und auf den Stationen gesehen werden.
2. Das Material steht in starker Beziehung zu den „Möbeln" des Kapellenraums, insbesondere zu Altar, Ambo und (Stand-) Kreuz.
3. Aufgrund der Fülle und Dichte von Funktionen („5 Räume") in einem relativ kleinen Raum ist der Raum in seiner Materialsprache schlicht zu halten.
4. Auch schlicht sollten Altar, Ambo und Kreuz sein.
5. Die „Möbel" in den Räumen des Betens und Gedenkens sollten zu denen des Gottesdienstraumes passen; beide Räume werden „Einrichtungsgegenstände" haben, die tlw. die dazugehörende Wände bedecken (siehe unten).
6. Diese Schlichtheit ist am besten geeignet, die Funktion des Kirchenraums wie unter Thesen 30 beschrieben zu genügen und den Raum als „Transformationsraum" zu gestalten.
7. Der Raum sollte, um seine Funktion erfüllen zu können, insgesamt einen ruhigen, aufgeräumten und konzentrierten Eindruck erzeugen; dem Besucher sollte durch die Materialien und deren Gestaltung relativ schnell klar werden, in welcher Art Raum er sich befindet, wie dieser aufgebaut/strukturiert ist und welche „religiösen" Funktionen er anbietet. Gleichzeitig sollte neben diese einladende „Offenheit" eine Geborgenheit in den einzelnen Räumen ermöglicht werden.
8. Die Idee, Materialen und v.a. Themen des Krankenhauses (siehe Thesen 29 und 30) auch in der Kapelle zu sprechen zu bringen, muss eher dezent geschehen. Es ist denkbar, dies bei der Gestaltung von Altar, Kreuz und Ambo zu bedenken.
9. Prägendes Element im Raum wird das „Doppelfenster" werden; hierbei ist das Material Glas bestimmend und besonders gestalterisch aufzunehmen; es wäre daran zu denken, hier die Thematik des Krankenhauses in symbolischer Form kleinteilig und dezent auf das Fenster verteilt aufzunehmen. Ein „milchiges" oder ganz leicht strukturiertes Glas wäre denkbar.
10. Die Wände der Kapelle sollten schlicht weiß gestrichen sein.
11. Von Bildern an den Wänden ist abzusehen; generell gilt: Es sollte alles eher vermieden werden, was Unruhe in den Raum bringt.

12. Der „Höhenraum" des Daches ist vom Material her eigens zu betrachten, aber auch hier ist ein schlichtes Weiß zu favorisieren.

13. Der Boden ist gut als etwas dunklerer Holzboden vorstellbar; hier könnte man die separaten Räume, die sich in der Kapelle (funktional) befinden, abbilden; denkbar wäre ein Absetzen der Räume durch ein anderes Material (z.B. Stein/Granit o.ä.) auf dem Boden.

14. Der Boden sollte eben sein.

15. Auch das Lichtprogramm sollte eher schlicht sein. Von verschiedenen Lichtfarben ist abzusehen. Siehe oben unter Nummer 7. Zudem wird durch die Paramente Farbe im Raum präsent und zeigt an, in welcher Kirchenjahreszeit und „Gemütsverfassung" der Raum sich befindet. Stimmungen/Atmosphären müssen nicht über Licht erzeugt werden, sondern durch das Angebot der 5 Räume. Deswegen sollte das Lichtprogramm so angelegt werden, dass durch dezente Lichtquellen, die dimmbar sind, diese 5 Räume für sich und im Zusammenspiel beleuchtet werden können. So könnten zu verschiedenen Anlässen und Tageszeiten die Räume in Szene gesetzt werden.

16. Die Gestaltung der Räume müsste auf jeden Fall behindertengerecht sein und man müsste dabei an die Raumakustik denken, die für Gottesdienste genauso wichtig ist wie für kulturelle Veranstaltungen.

Grundsätzlich:
- Fünf Räume, die einen Gesamtraum ergeben.
- Gestaltung jedes einzelnen Raumes in Blick auf seine Funktion/Inhalt.
- Aber so, dass es zusammen noch einen Gesamt-Raum mit klarer Atmosphäre ergibt.
- Die „Funktion"/Teil-Räume müssen klar erkennbar sein, aber nicht plakativ, einladende Angebote, ohne dass der Entdeckungswunsch unterbunden wird.
- Aber anders als die anderen Räume im Krankenhaus, und doch: Widerspiegeln des Krankenhauslebens.
- Geborgen, aber nicht „Wohnzimmeratmopshäre".
- Privatheit/Vertrauen/Verlangsamen.
- Repräsentanz und Angebot von Überschießendem.
- Lebendiger Resonanzraum.
- Nahelegen von Transformationsprozessen.
- Beziehung herstellen/ermöglichen/symbolisieren.

Prägendes im Gesamt-Raum:
- Boden ist elementar wichtig!
- Lichtfenster ist raumprägend.
- Licht: Naturfarben.
- Gesamtlicht: siehe Szenerien.

Verschiedene Szenerien:

Alltagsbetrieb
- Einzelne Gäste, vielleicht Andachten.
- Einzelräume sind verschieden ausgeleuchtet, der „Gottesdienstraum" bleibt unbeleuchtet.
- Die Einzelräume sind verschieden in einem Farbton nuanciert (als verschiedene Teil-Räume wahrnehmbar).

Sonntagsbetrieb
- Gottesdienst.
- Volle Beleuchtung des Gottesdienst-Raumes
- Seitennischen bleiben unbeleuchtet oder stark abgedimmt.
- Heller sind die Räume „Klang" und „Kommen und Gehen".

Große „Feiertags-Gottesdienste"
- Ganzer Raum wird bestuhlt.
- Alle fünf Räume müssen genügend Licht haben.

Veranstaltungen
- Kleine Vorträge, Kleinkunst, Musikalisches, Konzerte.
- Klang-Raum muss durch Stühle erweiterbar sein.
- Auch durch Licht mehr ausleuchtbar.

Grundsätzlich zu den Wänden:

- Keine weiteren Materialien sind nötig (zu massiv, bedrängend, Teilräume werden zu Nebenräumen). Es soll eine Linie entstehen.
- Weiß/unifarben mit „Bedrucktem" (Thema), siehe folgende Überlegungen zu den „Einzelne Räume".

Zu den einzelnen Räumen:

Beten/Stille

- Funktion: in sich gehen, in sich hören, zu sich kommen, sich konzentrieren, sich sammeln, ausrichten, sich öffnen, sich anvertrauen, sich in andere Hände übergeben, klagen, bitten, loben, Worte finden, Zuwendung erfahren, Gott begegnen, aufgehoben sein.
- „Möbel": 5 Stühle, im ¾-Kreis, zur Wand gerichtet.
- Wand: weiß/unifarben mit „bedruckter Wand": Worte-Welt; Konstruktion mit beleuchteten Nischen; mit Gegenständen/Alltäglichen das Halt gibt im Beten, das hinausführt; kleine „Räume", die sich eröffnen; Möglichkeit, etwas dazu zu tun (statt Kerzen). Dazu: Gebetbuch.
- Licht: ruhig, gleichmäßig, gedämmt. Strahlt auf die einzelnen Nischen, ergibt aber ein Licht.

Gedenken

- Funktion: sammeln, sich erinnern, „herholen", in einen größeren Kontext/Horizont stellen, Vergegenwärtigen.
- Möbel: Pult mit großen Buch und Stift.
- Wand: weiß/unifarben mit „bedruckter Wand": verschiedenste Gesichter.
- Licht: Spot auf Buch, weiteres nur am Boden („sich erden").

Klang

- Funktion: einstimmen, eingebettet werden, gemeinsam, schwingen, ins Klingen kommen, spüren.
- Möbel: Klavier, Stühle mit Kopfhörer, Musikanlage.
- Wand: weiß/unifarben mit „bedruckter Wand"; schwingend, Wellen, Schall, Bewegung, bewegt.
- Licht: genügend hell für Musiker, erweiterbar für „Konzerte".

Kommen/Gehen

- Funktion: Wege, Ankommen, wieder gehen, entdecken, eingeladen, Halt machen, Station, vorbereiten, loslassen.
- Möbel: Tür, Vorhang und Möbel zum Aufbewahren/Ablegen/Wegnehmen.
- Wand: Einfärben in die generelle Farbe des Raumes.
- Licht-Streifen an der Decke oder am Boden Leitfunktion, hineinführend/hinausführend

Spezial-Wand

(gegenüber zum „neuen großen Fenster")

- Idee: Regenbogenglasfenster .
- Vielleicht vom Regenbogenglasfenster die Struktur/Ordnung der einzelnen Raum-Wände her gestalten. Linie/Bordüre (s.o.). Die Farben könnte man punktuell im (gegenüber liegenden) neuen großen Fenster aufnehmen.

Gottesdienst

- Funktion: ideele und spirituelle Mitte, Raummitte; Gottesdienst als Lebensweg.
- Gestaltet durch die Möbel: Stühle, Altar, Ambo, Kreuz: alles sehr schlicht, funktional.
- Keine Wände, die den „Gottesdienstraum" eingrenzen/beschreiben; denn: die anderen Teilräume sind die Wände!
- Licht als Spots von Fenster an die Decke.

Heizung

- In der Wand „eingelassene" Heizung.
- Konvektoren/Bodenkonvektoren/Bankkonvektoren als Möglichkeit.

„Liedertafel"

- Schlichte Liedertafel rechts vom großen Fenster.
- Magnetwand/-tapete?
- Projektionsmöglichkeit für große Gottesdienste?

Akustik/Lautsprecher/Musikanlage

- Musikanlage zur „Dauerbeschallung"?
- Lautsprecher nur für den Raum, keine Übertragung mehr in die Krankenzimmer.

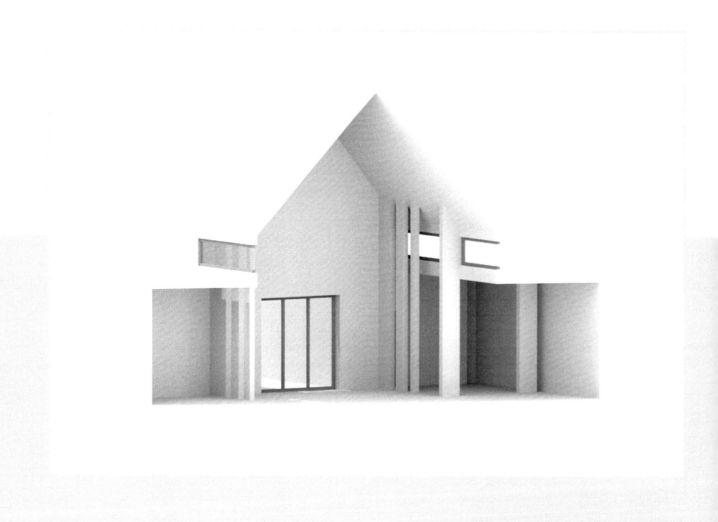

Raum „Beten/Stille"

Funktion: In sich gehen, in sich hören, zu sich kommen, sich konzentrieren, sich sammeln, ausrichten, sich öffnen, sich anvertrauen, sich übergeben, klagen, bitten, loben, Worte finden, Antworten finden, Zuwendung erfahren, Gott begegnen, aufgehoben sein.

Wand: "Bedruckte Wand" mit einer Worte-Welt: einzelne Grund-Worte in unterschiedlichen Grau/Schwarztönen und Schriftarten. Diese dienen als „Resonanzraum" für die o.g. Funktionen. Die Besucher sollen sich und ihre Gedanken, ihre Bedürfnisse dort wiederfinden, als abstraktes Wort, und sie sollen Worte finden, die diese Wort-Erfahrung dann auch wieder konterkarieren können oder bereichern oder anders einordnen.

„Möbel": Meditatives Element (Schale mit Sand, Steinen und Pendel).
Funktion: In Angesicht der Wand sammelnde Aufgabe, meditativ, aber dennoch die Worte-Welt (an der Wand) selektiv aufnehmend. Beruhigend. Ablegend. Unterbrechend. konzentrierend.
Impuls: „Aber Jesus bückte sich nieder und schrieb mit dem Finger auf die Erde." (Johannes 8,6 b);

Idee: Sandschale (o.ä.), in die hinein ein kleiner Stein mit Wort (die vorliegen oder beschrieben werden können) hineingelegt werden kann; über der Sandschale ein „großer" Pendel, der leicht angestoßen werden kann und sich dann mit seiner Spitze gleichmäßig in Linien und Wellen in den Sand einzeichnet.
Dazu: ein paar Stühle, im ¾-Kreis; zur Wand gerichtet.
Licht: Ruhig, gleichmäßig, gedimmt.
Handlungsoption: Hinzutreten, sich hinsetzen, die „Wand" lesen, ein Stein mit vorgegeben Wort nehmen und in den Sand legen oder ein Stein mit Wort beschreiben und in Sand legen, beten, Pendel anstoßen, ihn ausschwingen sehen, sitzen, zur Ruhe, zu sich, zu Gott kommen.

Raum „Gedenken"

Funktion: Sich sammeln angesichts der eigenen Geschichte, sich erinnern, „herholen", in einen größeren Kontext/Horizont stellen, Vergegenwärtigen des eigenen Lebens; Gewahrwerden des Lebens im Krankenhaus, des Geborenwerdens und Sterbens, des Krankseins, des Gesundens.
Wand: „Bedruckte Wand" mit verschiedenen Gesichtern (Alter, Ausdruck, Mimik), gestaltet wie beim „Raum der Stille".

Möbel „Lesepult": Ein Pult, eine Buchablage, auf der ein großes Buch aufgeschlagen steht. In dem Buch gibt es zwei Seiten, die sich gegenüberliegen: eine Seite „Geburten" mit Namen und andere Seite mit Verstorbenen mit Namen. Vielleicht kann zwischen den beiden Seiten/Spalten noch etwas eingetragen werden? Vielleicht Gedanken … Gebete .. Sätze. Eventuell können aus dem Buch auch Texte entnommen werden. Keine weiteren Möbel (Stühle o.ä.).

Handlungsoption: Hinzutreten, stehenbleiben, „neugierig" im Buch lesen, blättern, ins Nachdenken kommen … eventuell einschreiben von Eigenem oder Entnehmen von Texten/Sätzen.
Licht: Spot auf Buch, weiteres nur am Boden („sich erden").

„Ich bin allen alles geworden, damit ich auf alle Weise etliche rette.
Alles aber tue ich um des Evangeliums willen." (1. Korinther 9, 22b.23a)

Kirche verflüssigen

Herkömmlich werden die Kommunikation des Evangeliums und das davon abgeleitete kirchliche Handeln bezogen auf die Unterteilung und Zuordnung bzw. Abgrenzung von parochialen und überparochialen Gemeindeformen. In postmodernen und medialen Zeiten sind die Formen von Kirche notwendig fließender geworden. So zeigt sich die Badische Landeskirche bewusst offen für alternative Gemeindeformen (vgl. Art 12 und 30 der Grundordnung der Badischen Landeskirche). In der Realität und im kirchlichen Bewusstsein aber haben (immer noch) die traditionellen, sprich parochialen Gemeindeformen einen höheren Stellenwert oder sogar Werthaftigkeit. Selbst wenn es gerade in Städten zur Bildung von größeren Einheiten kommt und so das „parochiale Paradigma" aufgebrochen wird, ist zu sehen, dass auch die größeren Einheiten oftmals nach gängigen parochialen Denk- und Arbeitsweisen konzipiert und gelebt werden.

Die derzeit für dieses Problem und seine Lösung am ehesten in kirchlichen Kreisen akzeptierte Rede von „kirchlichen Orten" (so der in von der praktischen Theologin Uta Pohl-Patalong in die Diskussion eingeführte Fachbegriff) versucht, den bestehenden Konflikt zu lösen und beiden Gemeindeformen gleichermaßen Dignität zuzusprechen, so dass auch überparochiale Gemeindeformen als Kirche (im weiteren Sinne) verstanden werden können. Leider findet sich aber auch hier kein wirklich integrativer Kirchenbegriff, wenn „kirchliche Orte" sozusagen als die Summe oder das Miteinander von parochialen und nichtparochialen Formen von Gemeinde definiert sind. So können innerhalb dieses Konzepts nichtparochiale Gemeinden nur als „Kirche" angesehen werden, wenn sie sozusagen zumindest ein paar „parochiale Grundzüge" aufweisen. So ist es nicht verwunderlich, dass im Blick auf die in der neueren Literatur und Konzeptionsbildung virulenten Beschreibungen überparochialer Arbeitszweige bzw. Gemeindeformen doch zumeist das parochiale Denkmuster von Kirche prägend ist und die überparochialen Arbeitsfelder als „Kirche" derart begründet werden, dass parochiale Muster in abgewandelter Form auf diese angewandt werden. So werden überparochiale kirchliche Orte z.B. als „Gemeinden in Übergang", als „Gemeinde auf Zeit", als „Kirche bei Gelegenheit" oder als „Kirche am Durchgangsort" beschrieben. Meines Erachtens werden diese Versuche weder der Eigenart der überparochialen Gemeinden gerecht, noch gelingt es ihnen, einen übergreifenden Kirchenbegriff zu etablieren und für alle Gemeindeformen zur Anwendung zu bringen. Am weitgehendsten gelingt dies in der aus dem angelsächsischen Bereich kommenden Sicht auf Kirche als „liquid church". Darauf werde ich später noch zu sprechen kommen.

Bei der durchgängigen Unterscheidung von über- oder eigentlich besser: nichtparochiale nund parochialen Arbeitsfeldern scheint der Gedanke tragend zu sein, dass bei den nichtparochialen die Kommunikation des Evangeliums in ein anderes System (z.B. Gefängnis, Bildungsarbeit, Krankenhaus, Schule) als das der Kirche geschieht und deswegen „Kirche" dort dann nicht mehr im Vollsinne, sondern in einer auf das System bezogenen spezifischen Art geschieht. So kommt es fast notwendig zur Unterscheidung in originäre kirchliche Handlungsfelder, wie sie sich in der (parochialen) Gemeinde wiederfinden, von nichtparochialen und weniger originären innerhalb und für andere gesellschaftliche Systeme. Diese Unterscheidung beinhaltet aber ein theologisch hochproblematisches Verständnis von „Kirche" und deren Bezugnahme auf Gesellschaft, deren Subsysteme, theologisch gesprochen auf die „Welt". Das Problem ist, dass hier der theologisch tragende Gedanke der Inkarnation ekklesiologisch nicht ausreichend

bedacht wird. Denn „Kirche" und „Welt" stehen sich inkarnatorisch gedacht nicht gegenüber, sondern sie sind miteinander ähnlich verwoben, wie es das altkirchliche Symbol des Chalcedonense wegweisend in Worte gefasst hat. Dies wird auf ganz eigene und auch drastische Weise deutlich in dem, wie die Diskussion um den „Zusammenhang" von Kirche und Diakonie geführt wird. Auch hier wird oftmals mehr mit einer Unterscheidung argumentiert als mit einer Zusammenschau bzw. mit einem integrativen Kirchenbegriff, der dann beide, „Kirche" (im herkömmlichen Sinne) und Diakonie, voneinander trennt und einander zuordnet. Am Beispiel der „Kirche im Krankenhauses", um die es im Weiteren gehen wird, kann man genau dies sehen und generell bemerken, wie schwer es fällt, dieses überparochiale Arbeitsfeld als kirchliches wahrzunehmen und zu bestimmen. So wird das Krankenhaus theologisch entweder bevorzugt als diakonischer Ort, als Ort der Seelsorge oder als spiritueller Ort begriffen. Zumeist wird aber gerade nicht weiter bestimmt, wie diese drei Sichtweisen miteinander in einem Gemeinde- oder Kirchenbegriff verbunden werden können und inwiefern, übergreifend gedacht, das Krankenhaus als „Kirche" bzw. als ein kirchlicher Ort im vollgültigen Sinne betrachten werden könnte. Dazu braucht es, wie schon gesagt, einen übergreifenden, integrativen bzw. „fließenden" Kirchenbegriff.

Gott geschieht

Dieser liegt eigentlich vor. So zum Beispiel in der von Ernst Lange aufgebrachten, seit den 70er Jahren etablierten und von Christian Grethlein durchdacht ausgeführten Rede von der „Kommunikation des Evangeliums" als Vollzugsform von Kirche. Es fällt nur auf, dass sobald es um die Ausdifferenzierung dessen geht, wie das Evangelium kommuniziert wird, also welche kirchlichen Handlungsfelder konkret sich generieren, man sehr stark in alten Bahnen bleibt bzw. diese nur an den Rändern erweitert. Dies liegt wahrscheinlich daran, dass der Kommunikationsbegriff es nahelegt, entweder nach Kommunikationsform oder nach Adressat der Kommunikation die kirchlichen Handlungsfelder relativ einfach auszudifferenzieren. Beides führt, aus meiner Sicht, die durch diesen Kirchenbegriff gewonnene Weite aber wieder eng.

Anknüpfend an das Konzept der „liquid church" und an die amerikanische Prozesstheologie wäre es meine Idee, konzeptionell sozusagen solange wie möglich an einem weiten Kirchenbegriff festzuhalten, um ihn als integrativ für verschiedene Realisierungsformen von Kirche nutzbar zu machen. Dieser methodische Aspekt ist aber zutiefst inhaltlich begründet in einem christlich gedachten und geglaubten inklusiven Gottesbegriff. Deshalb wäre nach meiner Sicht fundamentaltheologisch der Kirchenbegriff direkt mittels des Gottesgedankenes zu entfalten. Dies kann, da darin sozusagen das Ganze der christlichen Lehre beschlossen ist, nur in groben Zügen erfolgen:

Durch das Christusereignis geschieht Gott in der Welt zu seinem Lob und zum Heil der Menschen. Da, wo Gott geschieht, er sich in seiner Liebe ereignet, wird das Reich Gottes vorläufig, aber faktisch gegenwärtig. Der in sich lebendige Gott verwirklicht sich in seiner Schöpfung und mit seinen Geschöpfen. Dies ist die Kommunikation des Evangeliums. Das Wort wird Welt. Menschen werden Teil von Gottes Wirklichkeit, so wie sie in Jesus Christus als definitive Wirklichkeit Gottes und des Menschen erschienen ist. Auf der reflexiven Ebene kommt es zur Darstellung des christlichen Wirklichkeitsverständnisses. Menschen können ihre Wirklichkeit als Gottes Wirklichkeit wahrnehmen, deuten und verstehen. Sie werden in seine Wirklichkeit als Christuswirklichkeit hineingestellt und Gott nimmt sie wahr. Menschen finden in ihrer Lebenssuche Antwort auf dieses Wahrgenommensein von Gott. So wie sich Gott ereignet, ereignet sich ihnen ihr Leben als von Gott angesprochenes, gesuchtes, gedeutetes und geliebtes Leben. Gott schenkt die Möglichkeit zu einem fragmetarisch erfüllten und getrösteten Leben coram deo, ein Leben vor Gott.

Entscheidend ist die „Ereignishaftigkeit" dieses Prozesses. Diese inkludiert Dreifaches: Erstens wird es dem gerecht, dass Gott selbst der Herr und Autor seines Sich-Ereignens und der Kirche ist. So werden die für den Gottesgedanken und den Kirchenbegriff wichtigen Gedanken der Unverfügbarkeit und des Geheimnisses wach gehalten. Zweitens gelingt es, die Wirklichkeit Gottes und den Gemeindebegriff weniger ortsbezogen bzw. parochial zu denken, als vielmehr an der Zeitstruktur orientiert. Darin liegt aus meiner Sicht ein großes Potential, den Kirchenbegriff anknüpfungsfähig zur Sprache zu bringen. Es geht um die sich in und als Zeit generierenden Ereignisse Gottes und die damit gegebene prozesshafte Zeitstruktur von Gemeinde und Glaube. Drittens ist damit die spannende Frage gestellt, wie diese Gottes-Ereignisse miteinander verknüpft werden.

Ereignisse verknüpfen

Der Gedanke der Ereignis-Verknüpfung kann nun mit der noch offenen Frage nach dem, was Kirche ist und wie sich die einzelnen kirchlichen Handlungsfelder bzw. Orte ausdifferenzieren, verbunden werden: Da, wo sich Gottes-Ereignisse miteinander verknüpfen, gewinnen Menschen ihre Identität, einen „göttlichen roten Faden" ihrer Biografie, in dem und mit Hilfe dessen sie ihr Leben gewinnen, trotz und in aller Brüchigkeit. So

wird ihnen Leben ermöglicht. Diesem „göttlichen roten Faden" zu folgen, ihn selbst weiterzuspinnen, wäre modern gedacht Nachfolge Christi und damit die Einholung der vorab in der Taufe geschenkten Identität als eigene Wirklichkeit. Solche Nachfolge wäre christliche Lebenskunst: die Kunst der Selbst– und Weltwahrnehmung im Lichte der Gotteserfahrung. Diese ist immer verbunden mit gemeinschaftlicher Erfahrung und sie ist ein Resonanzphänomen. Sie stellt sich in den Horizont Gottes und ist immer bleibend Gottes Gabe, Gott ereignet sich und verknüpft sich als menschliches Leben.

Nun wäre meine These, dass dort, wo dieses Verknüpfungsgeschehen explizit wird (in der ganzen Weite des Expliziten), „Kirche" ist bzw. sich ereignet. Immer eingedenk dessen, dass sozusagen die Verknüpfungsleistung in Gott begründet ist und es der Mensch ist, der diese aufnehmen darf, kann Mensch und Kirche sich selbst auch als Co-Kreator ansehen und auch von seiner bzw. ihrer Verknüpfungsleistung sprechen. Von hier aus wären dann verschiedene Verknüpfungsleistungen und -arten in Blick zu nehmen. Diese bestehen z.B. in Erinnern, Wiedererkennen, Antizipieren und vor allem im assoziativen Priming. Eine (vorschnelle) Ausdifferenzierung von kirchlichen Handlungsfeldern lässt sich aber von dort aus nicht einfach ableiten. Vielmehr muss diese Verknüpfung als komplexer und sozusagen überfließender Prozess gewahrt bleiben und einer allzu vereinfachenden Ausdifferenzierung gewehrt werden. Allein hilfreich für kirchliches Handeln ist der Blick darauf, wo überall Potential zur Verknüpfung zu sehen und zu entfalten, also verzulebendigen wäre. Wo dies erkannt und gestaltet wird, ist und ereignet sich (wie gesagt) dann Kirche.

Bevor wir das im Blick auf das Krankenhaus explizieren, wäre als letzter Schritt der fundamentaltheologischen Begründung von Kirche festzuhalten, dass das „Sich-Ereignen" Gottes Liebe ist. Zum sozusagen formalen Gottesbegriff muss auch hier der materiale gesetzt werden. Gott geschieht als Liebe. Es ist seine Liebe, die menschliches Leben zu einer Identität als von Gott geliebtes Leben verknüpft. Liebe verknüpft: Sie verbindet selbst das ihr Entgegengesetzte, indem sie die Kraft der gegenseitigen Anverwandlung ist, die jedem sein Eigensein belässt.

Miteinander verbinden

Nach diesem längeren Vorlauf komme ich zur Entfaltung, inwiefern das Krankenhaus als kirchlicher Ort verstanden werden kann. Dies kann auf verschiedenen Ebenen geschehen:

(1) Entscheidend ist, wie das „Thema" des Krankenhauses aufgegriffen und in spezifisch theologischer Sicht entfaltet wird. Es geht um die so verstandene kirchliche und theologische Sicht auf das, was im Krankenhaus „passiert", auf Geburt, Krankheit, Gesundheit und Sterben. In diesem Blick wird das Krankenhaus sichtbar als Kirche:

An das oben gesagt anknüpfend ist Lebens-Verknüpfung von Gottes-Ereignissen vielleicht dort in einer besonderen Art und Weise präsent, notwendig und gefragt, wo menschliches Leben selbst unverrückbar und am eigenen Leib spürbar vor der Aufgabe steht, sich mit sich zu verknüpfen, also an den sogenannten Wechselfällen des Lebens und den damit womöglich einhergehenden Lebenskrisen und Identitäts- bzw. Verknüpfungslücken. Krank werden bedeutet, solche Lebenskrise leibhaftig zu erleben und vor der Herausforderung zu stehen, sein eigenes Leben sozusagen weiterzuknüpfen. Im Krankenhaus kann es und kommt es dazu, dass „in, mit, unter" den anderen Lebensfäden sich Gott mit Leben verknüpft und sozusagen die „Kette" der Gottes-Ereignisse gerade in solchen existentiellen Situationen weitergeknüpft werden. Darin liegt die theologische Dimension des Krankenhauses. Dort wird die oben angesprochene menschliche Lebenskunst zur Überlebens-Kunst und das, was sich dort als Lebensmöglichkeit göttlich ereignet, macht das Krankenhaus zur Kirche.

(2) Wichtig ist dabei, dass damit ein selbständiger und originärer Beitrag nicht nur zum Menschenbild gegeben ist, sondern zur gesundheitspolitischen Debatte. Es geht um die generelle Sicht auf die Ausformungen des Gesundheitswesens, deren Implikationen, Entwicklungen und Konsequenzen und das Einspielen der theologischen bzw. kirchlichen Sicht darauf. Wie in anderen Bereichen gibt Kirche und Theologie auch hier nicht das Feld frei in Blick auf ein bestimmtes gesellschaftlich hoch relevantes Thema, sondern bietet dazu seine Sicht im Diskurs an und bildet vor allem diese Sicht und Positionierung in einem real existierenden Krankenhaus und dessen Gestaltung ab. Statt sich sozusagen vom Gesundheitsmarkt zurückzuziehen, leistet die dezidierte Sicht auf das Krankenhaus als Kirche (als kirchlichen Ort) eine Parteinahme und Einmischung

in die gängige gesundheitspolitische Debatte. Und dies nicht nur - wie oft verkürzend geschehen – durch eine sozialethisch oder anthropologisch begründete Argumentation, sondern durch eine theologische, im Gottesbegriff verwurzelte Sicht auf die zur Diskussion stehenden Themen, Argumente und Fragen und vor alle durch die Sicht des Krankenhauses als sozusagen natürliche Ausformung von Kirche. Dies wird, je mehr das Gesundheitsthema an Stellenwert für den Einzelnen und die Gesamtgesellschaft gewinnt, umso wichtiger werden.

(3) So kann das theologisch verstandene und real existierende Krankenhaus nicht nur als Exempel oder theologisches Argumentationsmaterial dienen, sondern kann zum gesellschaftlich relevanten Ort werden. Dabei ist insbesondere an die Relevanz für das unmittelbare Gemeinwesen gedacht. Hier könnte gut an die Ideen und Konzepte einer zurzeit stark im Kommen begriffenen gemeinwesenorientierten Diakonie angeknüpft werden. Ein Krankenhaus, das sich im obigen Sinne als dezidiert kirchlich versteht und sich so auch gestaltet, wird in seinem mittelbaren und unmittelbaren Kontext eine für das Lebensthema bestimmte und vielleicht auch bestimmende Rolle einnehmen können oder sogar müssen. Es kann zu einem Ort

werden, der durch seine bestimmte und theologische Sicht auf das Leben, auf Geborenwerden, Kranksein, Gesunden und Sterben über sich hinaus in das Gemeinwesen hinein denkt, argumentiert, eintritt und vielleicht sogar strahlt. Das Krankenhaus als göttliches Lebens-Haus.

(4) Damit würde in dem so verstandenen Krankenhaus eine spezifische Kultur ablesbar, eine bestimmte Kultur des Lebens in seinen Wechselfällen, Krisen und „Verknüpfungsphänomenen". Was für die Außenwirkung gilt, muss für die Innenwirkung gleichermaßen und noch mehr gelten. Als kirchlicher Ort verstanden zeichnet sich so ein Krankenhaus durch eine spezielle Kultur aus, sorgt für diese, gestaltet und pflegt sie. Es ginge um eine kirchlich-diakonische Unternehmenskultur, die - dem oben entfalteten Gottesbegriff gemäß - auf den Prinzipen der Liebe und des Vertrauens fußt. Ein Versuch, diese theologisch und in der Arbeit des Theologischen Vorstandes zu begründen und zu entfalten, liegt im „Konzeptpapier Theologischer Vorstand" (siehe das entsprechende Kapitel in diesem Buch) vor.

(5) Im Kern geht es wie im kirchlichen Handeln überhaupt um den Menschen und seine Verbundenheit mit Gott bzw. Gottes Verbundenheit mit ihm, in unserem An-satz um die Verknüpfung von Gottes-Ereignis mit Menschenleben, und in unserem kirchlichen Feld „Krankenhaus" um diese Verknüpfung im Fall der körperlich präsenten und spürbaren Lebensaufgabe. Es geht um die Patienten, Angehörigen und Mitarbeitenden.

Wenn man sich die „Fallzahlen" der evangelischen Krankenhäuser allgemein und speziell die stets steigenden Fallzahlen im Diakoniekrankenhaus anschaut, so wird im als kirchlichen Ort verstandenen Krankenhaus keine geringe Zahl von Menschen erreicht bzw. in unserem Konzept in den Rahmen gestellt, dass sich ihr Leben in der Krise mit Gott verknüpfen könnten. Im Diakoniekrankenhaus waren dies im Jahr 2019 fast 13.500 Menschen. Unter diesen sind mit Sicherheit auch nicht wenige sogenannte der Kirche hochverbundene Menschen, aber in der weiten Mehrheit auch Menschen, die sonst der Kirche eher neutral gegenüberstehen. Es geht nicht darum, diese Menschen zu missionieren oder für die traditionell verstandene Kirche zu gewinnen, sondern darum, deutlich zu machen, wie groß die (göttliche) Möglichkeit ist, dass die Lebensgeschichte dieser Menschen an einem für sie sehr entscheidenden Lebens-Punkt sich mit Gott verknüpfen könnte. Das wäre im Falle des Diakoniekrankenhauses etwas sehr plakativ gesprochen, 13.000 Möglichkeiten des Gottes-Ereignisses im Jahr.

Dies gilt auch und nochmal auf andere Weise für die Vielzahl von Mitarbeitenden. Im Falle des Diakoniekrankenhauses sind dies über 800 Menschen. Das Krankenhaus als (im obigen Sinne) Kirche bzw. kirchlicher Ort verstanden, würde auf ganz bestimmte Art und Weise auch dezidiert „Kirche in der Arbeitswelt" sein können. Auch hier geht es um die Verknüpfung von Menschenleben mit dem Ereignen Gottes, insbesondere im Rahmen der Arbeitstätigkeit und der Berufsbiografie. Hier geschehen im Blick auf das Grundthema sekundäre Verknüpfungsherausforderungen und -aufgaben. Auch im Konzeptpapier für den Theologischen Vorstand wird dieses Feld skizziert.

Im Raum zeitigen

Bevor ich zu meinem letzten und im gewissen Sinne auch Zielpunkt komme, sei noch auf einen berechtigten Einwurf eingegangen: Was nützt es den Gemeinden und der Kirche, das Krankenhaus auch als kirchlichen Ort bzw. als Kirche (im Vollsinn) zu sehen? Oder andersherum gewendet: Ist es sinnvoll, in diesen kirchlichen Ort kirchliche Ressourcen zu investieren? Ich glaube, die Antwort auf diese Frage entscheidet sich am Kirchenbild. Geht man den Weg der angestellten Überlegung zum Kirchenbegriff mit, so wird man sich der Einsicht nicht versperren können, dass Kirche plural ist, es keine Präferenz eines kirchlichen Ortes gibt und man die knappen Ressourcen nach begründeter Auswahl verteilen muss. Und noch eins könnte sich eröffnen:

Ein Krankenhaus als kirchlicher Ort könnte ein kirchlicher Beitrag zu einem wesentlichen Existenzmoment des Menschen bzw. zu einem Verknüpfungsphänomen von Gottes Wirklichkeit sein. Die Frage, wem dies nutzt, ist die Frage, wie menschliche Lebensgeschichte sich als Prozess der Ereignis-Verknüpfung bildet und wo welche Momente dieser Bildung besonderen Wert erhalten. Ein ganzheitlicher Blick auf den Menschen untersagt im Grunde eine Gewichtung, zudem, wenn man den Menschen als Gottesebenbild und sein Werden eschatologisch versteht. In Zukunft müsste es um diese Bildung gehen, um deren Momente und der damit erforderlichen Verknüpfungsarbeit. Krankheit, Gebären, Gesundwerden, Sterben, Heilen, als das sind wesentliche Aspekte menschlichen Lebens und menschlichen Werdens – und wesentliche Punkte kirchlicher Verknüpfungsarbeit.

Die letzte und abschließende Frage sei, wo und wie sich diese Verknüpfung im Krankenhaus coram deo konkret ereignen kann. Eingedenk dessen, dass Gott der Autor der Lebensgeschichte ist, und erinnernd an das, was oben schon zu der v.a. kirchlichen Arbeit an der Kultur im Krankenhaus gesagt wurde, sei ein Ort benannt, der vorgeformt ist, diese Verknüpfung sozusagen nahezulegen.

Verknüpfung geschieht in den oben genannten Kategorien. Diese brauchen, damit Verknüpfung auch geschehen kann, eine Art Gestaltwerdung, also eine Art Anwesenheit in Raum und Zeit. Nur „anhand" oder mit Hilfe der real antreffbaren und so auch erlebbaren Art und Weisen und Möglichkeiten der Verknüpfung kann diese geschehen. Es braucht einen Ermöglichungsraum für diese Verknüpfungen, in dem diese nahegelegt werden. An sich ist das gesamte Krankenhaus als solch ein Ermöglichungsraum zu verstehen, der über explizite und eher implizite Verknüpfungsverweise Menschenleben (im obigen Sinne) bildet und sich als kirchlicher Ort generiert bzw. erweist. Es braucht eine Verweiswelt im Krankenhaus, die von außen als eine Art christliches Erscheinungsbild sichtbar wird. Diese Verweiswelt zeichnet sich ein auf den Stationen, in den Funktionsabteilungen, in den gemeinschaftlichen Räumen und auch im Eingangsbereich, sie stellt dar und prägt einerseits die oben beschriebene diakonisch-christliche Kultur, ermöglicht aber andererseits vor allem die intendierte Verknüpfung und dient dieser.

Ein letzter bündelnder Gedanke: Gott ereignet sich für Menschen zeitlich, sozusagen augenblicklich. Kirche müsste sich mehr zeitlich strukturieren, weniger dem Raumparadigma folgen. Menschliche Anwesenheit vollzieht sich (in digitalen und) realen Räumen. Es geht um Gleichzeitigkeit bei aller Ungleichzeitigkeit. Räume, in die Menschen sich in ihrer Zeit einfinden, müssen Zeitsignatur in sich tragen, damit in ihnen Verknüpfung geschehen kann. Es muss die Zeit in ihnen anwesend werden können, Menschen und Gottes Zeit.

Dies versucht die neue Kapelle des Krankenhauses zu bewerkstelligen. In ihr ist nicht nur das Thema des Krankenhauses präsent, sondern in ihr soll ein Raum entstehen, der „Zeit" zum Sprechen bringt, so dass die Verknüpfungsmöglichkeiten von Menschen in Lebenskrisen mit Gott erfahrbar werden. So kann die Kapelle für das Krankenhaus, für ihre Lebenskontexte, für das Thema, das sie als göttliches expliziert, Kirche bzw. ein kirchlicher Ort sein und wesentlich als solcher in und aus sicher heraus Gott und seine Liebe vergegenwärtigen.

1. Eine Kultur für die Zukunft

Einrichtungen des Gesundheitswesens stehen aktuell vor komplexen Herausforderungen: Das Leben der Menschen selbst wird diffiziler und ambivalenter, gefährdeter und verstörter, die Patienten multimorbider und anspruchsvoller, der demografische Wandel prägt die gesellschaftliche Entwicklung nachhaltig, der Mangel an Fachkräften verstärkt sich, die Arbeitsprozesse beschleunigen und verdichten sich, der Kostendruck wird höher, viele Prozesse werden verzweckt und durch sekundäre überfrachtet, die politischen Rahmenbedingungen verschärfen sich. Angesichts dieser Herausforderungen wird die Kultur in den einzelnen Häusern zum Luxusgut. Kultur droht, zu kurz zu kommen, vernachlässigt zu werden und gerät teilweise unter die Räder. Dabei ist die Kultur einer Einrichtung entscheidend für deren Qualität und Leistung, essentiell für ihre Identität und existentiell für ihren Fortbestand.

An und für die Kultur einer Einrichtung muss gearbeitet werden. Es gilt auf sie zu achten, sie zu analysieren, zu gestalten, zu pflegen und weiterzuschreiben. Das ist alles andere als selbstverständlich. Diese Aufgabe kommt allen in einer Einrichtung Tätigen zu, aber insbesondere denen, die sie führen und leiten. Kultur ist Führungsaufgabe und es braucht notwendig jemanden, der als Vorstand eigenverantwortlich zuständig ist für diese Führungsaufgabe und sich hauptverantwortlich weiß für die Kultur, in dessen Hand deren Pflege und Gestaltung liegt und der für deren Weiterentwicklung sorgt.

Solch eine Position zu schaffen und mit qualifizierten Personen auszufüllen, ist ein entscheidender Faktor, auf die Herausforderungen der Zukunft zu reagieren und dadurch im Gegenüber zu anderen Anbietern auf dem Gesundheitsmarkt überlebensfähig zu sein, sich zukünftig zu profilieren und im Wettbewerb Vorteile für sich zu generieren.

Unserer Überzeugung und unserem Selbstverständnis nach kann diese Position adäquat mit einem ordinierten Theologen (Pfarrer) besetzt werden. Er ist durch seine Ausbildung, sein berufliches Profil und durch sein Amtsverständnis sehr gut geeignet, sich als „Theologischer Vorstand" umfassend um „Kultur" zu kümmern.

2. Für die Kultur: Die theologische Qualität

Allgemein und vertieft verstanden ist Kultur die Summe der Überzeugungen, Regeln, Werte, Symbole und Rituale, die die Entscheidungen und Aktivitäten einer Einrichtung verkörpern und prägen und so das Typische und Einmalige der Einrichtung ausmachen. Jede Einrichtung hat ihre spezifische Kultur, die geprägt ist durch die Grundthemen, die in ihr virulent sind. In Einrichtungen des Gesundheitswesens sind dies die Fragen nach Gesundheit, Krankheit, Geborenwerden, Sterben, Vertrauen und Leben überhaupt. Konfessionelle bzw. christliche Einrichtungen des Gesundheitswesens weisen einen spezifischen, sprich christlichen Umgang mit diesen Grundthemen und somit einen bestimmten christlichen Lebens- und Kulturbegriff aus.

Der Theologische Vorstand kann sich als ordinierter Theologe dieser christlichen Kultur im evangelischen Verständnis professionell annehmen und für sie sorgen. So bietet er einen wesentlichen Beitrag zur Fundierung, Gestaltung und Vitalität dieser Kultur und ihrer Lebensformen. Dies gelingt ihm durch seine spezifische Sicht auf die Grundthemen des Lebens im Gesundheitswesen: Er weiß sich verantwortet, reflektiert, benennt und spricht dabei eine weitere und aus seiner Sicht wesentliche Dimension des Lebens an. Diese transzendente „Gottes-Dimension" stellt einen speziellen Mehrwert dar, der die anderen Sichtweisen bzw. Dimensionen des Lebens zu integrieren vermag und auf diese Weise die Kultur und das Leben in den Einrichtungen mit seiner Sicht auf das Leben und seinen Wechselfällen fundiert, erhält, gestaltet und prägt.

Dabei kommt der Theologie noch eine eher formale Qualität zu: Als christliche und sozusagen damit weltanschaulich positionierte Kulturwissenschaft kann sie sich gut auf dem Feld verschiedener Perspektiven, Innensichten, Außensichten und der notwendigen Metaperspektivität bewegen. Sie kann systemimmanent agierend zu anderen und gerade auch zu fremden Systemen tragfähige Brücken schlagen. Sie agiert kontextbezogen, diskurserfahren, lebensweltsensibel, spannungserprobt, anschlussfähig und integrativ, gerade indem und wie sie ihre eigene Position, ihre Sicht auf das Leben, die oben angesprochene „Gottes Dimension" in den kulturellen Zusammenhang einbringt und expliziert.

3. Für das Gesamteinrichtung: Eine Kultur des Lebens

Insgesamt ist der Theologische Vorstand also hauptverantwortlich für die spezifisch christliche bzw. diakonisch-spirituelle Einrichtungskultur und deren Lebensbegriff. Dabei spielen alle Ebenen der Kultur in der Einrichtung eine Rolle: die material-ästhetische, die psychische, die soziale, die geistige und nicht zuletzt die geistliche.

So ist der Theologische Vorstand in erster Linie für die spezielle geistliche Dimension von Kultur zuständig. Aufgabe ist es, das Leben in seiner Mehrdimensionalität und Bezogenheit auf etwas Übersteigendes, für Christen auf Gott zu thematisieren und Menschen damit in Berührung zu bringen mit einer notwendigen Dimension des Lebens. Dies geschieht durch Sorge um das christliche Erscheinungsbild in den Einrichtungen, durch Gottesdienste, Bildung und Seelsorge. Für Christen stellt er Leben so dar, dass es sichtbar wird als ein Leben, wie es in Jesus Christus Gestalt gewonnen hat und gewinnt. Dadurch werden diakonische Einrichtungen als kirchliche Orte erkennbar.

Insgesamt hält der Theologische Vorstand für die Gesamteinrichtung die Grundlagen und damit ihre eigene Identität der Einrichtung wach und lebendig, erinnert sie an ihre Wurzeln und die Zukunftsträchtigkeit ihrer vorgegeben Grundlagen. Er ist hilfreich darin, die Leitungsverantwortlichen in ihrem Tun und Entscheiden an die am christlichen Menschen- und Gottesbild orientierten Werte und Ziele im stetigen Diskurs zurückzubinden und sie so dessen zu versichern, dass ihr Arbeiten dem in der Satzung und im Leitbild festgelegten Auftrag entspricht. Ihm obliegt es, die Leitungskräfte auf allen Ebenen in ihrer Führungsverantwortung für die spezifische Kultur zu unterstützen und zuzurüsten. Seine Aufgabe auf der Vorstandsebene ist es, die spezifische theologisch-kulturelle Sicht einzuspielen und sowohl im Gegenüber zu anderen Führungsaufgaben als auch integrativ für deren verschiedenen Inhalte und Ziele zu wirken und derart die Arbeit an der einen gemeinsamen Kultur zu fördern.

Übergreifend in den Einrichtungen wirkt der Theologische Vorstand prägend durch geistliche Impulse bei Sitzungen und Betriebsjubiläen, durch spezielle Akzente im Laufe des Kirchenjahres, durch Gottesdienste für Patienten und Mitarbeiter und nicht zuletzt durch die Bereitschaft, zieloffen sich den Fragen der Einrichtungen zuzuwenden.

Besonderes Gewicht kommt hierbei der Ethik zu, da sie der Bereich ist, in dem Fragen des Lebens im Spannungsfeld säkularer und religiöser Ansichten diskutiert und die Werte der Kultur geprägt werden. Dabei ist das Feld der Ethik weit gespannt: Es umfasst nicht nur die

Ethik der medizinischen Grenzfragen des Lebens, sondern auch Fragen der Alltagsethik wie die Phänomene von Scham am Krankenbett oder des Problems der sexuellen Übergrifflichkeiten im Pflegealltag. So steht der Theologische Vorstand der Ethik-Beratung/Ethik-Kommission vor, initiiert Arbeitsgruppen zu aktuellen ethischen Themen und weiß sich verantwortlich für die Formulierung und Erfüllung von ethischen Standards.

Als ordinierter und landeskirchlicher Pfarrer ist er von Amts wegen strukturell eingebunden in die kirchlichen und diakonischen Zusammenhänge. So kann er als Kontaktfläche und Verbindung zum explizit kirchlichen und diakonischen Leben und Institutionen dienen und so organisatorisch und auch für einzelne Menschen oder Themen den Bezug zu dieser Kultur und Lebenswirklichkeit herstellen und darin Brücke zu weiteren Lebensmöglichkeiten sein.

4. Für die Mitarbeitenden:
Eine Kultur des Vertrauens

Kultur lebt vom Vertrauen. Vertrauen ist letztlich der Anfang von allem. Für Einrichtungen im Gesundheitswesen sind die Mitarbeitenden der wesentliche Faktor für die Erbringung der Qualität der Versorgung und Betreuung. Mitarbeitende brauchen, neben vielen anderen Dingen, vor allem Vertrauen, das ihnen grundlegend entgegengebracht wird, durch einzelne Personen, Vorgesetze und Managementführung, aber auch durch das „Gesamtsystem", durch seine Kultur.

So ist es Aufgabe des Theologischen Vorstandes für eine im wahrsten Sinne des Wortes vertrauensvolle Kultur Verantwortung zu tragen. Vertrauen ist das Hauptthema von Glaube und Theologie. Institutionelles und kulturell verankertes Vertrauen für Mitarbeitende wächst durch Förderung des Vertrauens in die Werthaftigkeit und Wertorientierung der Einrichtung. So versucht der theologische Vorstand durch den (Ethik-)Unterricht in der Gesundheits- und Krankenpflegeschule, durch die Federführung bei den sogenannten Einführungstagen für neue Mitarbeiter, durch diakonische Basisschulungen für alle Mitarbeitenden, durch die regelmäßige Ethik-Beratung, durch die Kommunikation des Leitbildes der Einrichtung, durch das Nachgehen von Verbesserungsvorschlägen und durch Gottesdienste und Andachten für Mitarbeiter ein Grundvertrauen in Sinn und Kultur der Einrichtung zu fördern.

Vertrauen ist da besonders wichtig, wo der sonst tragende Lebens- bzw. Berufszusammenhang schwierig oder sogar brüchig wird. So liegen in den Händen des theologischen Vorstandes die Themen der Vereinbarkeit von Beruf und Familie, das Betriebliche Gesundheitsmanagement und das Konfliktmanagement sowie der Umgang mit Grenzsituationen. Immer geht es auch um die Aufgabe, Vertrauen in die Verlässlichkeit der Kultur oder ganz konkret des Arbeitsgebens in für Mitarbeitende schwierigen Situationen zu bewahren und zu fördern. Im Rahmen der Mitarbeitenden sind die ehrenamtlich Tätigen eine besondere Gruppe. Hier ist das Vertrauen besonders sensibel, da dem Tun kein finanzieller, sondern ein ideeller Wert gegenübersteht und sich noch mehr in der absoluten Werthaftigkeit der Einrichtung festmacht. So begleitet der Theologische Vorstand die „Grünen Damen" und den ehrenamtlichen Patientenfürsprecher, der selbst wiederum für das Vertrauen der Patienten in die Einrichtung zuständig ist.

5. Für die Menschen in den Einrichtungen: Eine Kultur der Liebe

Im Mittelpunkt der Einrichtungen des Gesundheitswesens stehen die Menschen. Aufgabe ist die Förderung und Erhaltung der körperlichen und seelischen Gesundheit sowie die Vorbeugung gegen und Behandlung von Krankheiten und Verletzungen an Leib und Seele. Patienten und Klienten spüren die besondere Atmosphäre, den besonderen Geist, die bestimmte Kultur eines Hauses und wertschätzen diese, weit über die medizinische oder psychologische Betreuung hinaus. Gerade konfessionelle Häuser leben im besonderen Maße von dem Vertrauen, das Menschen in es setzen.

Die (eben geschilderte) ganze Kulturaufgabe des Theologischen Vorstandes dient letztendlich im Ganzen der Vertrauenswürdigkeit der Einrichtungen für die Menschen. So ist seine Arbeit zu tiefst diakonisch, da sie den körperlich, psychischen und dementiell erkrankten, den sterbenden und neu geborenen Menschen und dem Leben selbst zu Gute kommt. Einrichtungen sind da am vertrauenswürdigsten, wo sie dem, der sie besucht, das Gefühl geben, selbst vertrauenswürdig, ja wertgeschätzt und im gewissen Sinne grundlegend geliebt zu werden. So geht im Grunde bei der Tätigkeit des Theologischen Vorstandes darum, dass eine Kultur geschaffen oder erhalten wird, wo dies für Patienten und Klienten spürbar ist.

Theologie kann bei dieser Art von Gestaltung von Kultur besonders mitwirken, da ihr Grundthema die Liebe Gottes zu den Menschen und deren Vertrauen in Gott ist, über alle Grenzen, Tiefen und eigene Seelendunkelheiten hinweg. Ein Theologischer Vorstand arbeitet letztendlich am „Gott-Vertrauen", das sich implizit und explizit in den Einrichtungen Kultur prägend ausbildet und letztlich Garant des eingangs erwähnten humanen Werts sein kann.

So trägt der Theologische Vorstand in seinem Kernbereich für die Bereiche der Seelsorge und des Gottesdienstes Verantwortung. Dadurch sollen Patienten und Klienten sowie auch alle Mitarbeitende sich vor allem Tun, Krank- oder/und Gesundwerden als angenommen, wertgeschätzt und geliebt spüren und so gestärktes Vertrauen haben in das, was mit und an ihnen geschieht. Er sorgt speziell für eine angemessene Geistesgegenwärtigkeit im Betrieb der Einrichtungen, für eine Achtsamkeit für die Seele der anvertrauten Menschen und dafür, dass sie die Möglichkeit besitzen mit dem Grund des Lebens, Gott, in Kontakt zu kommen.

49

Als der „Rohbau" der Kapelle fertig war, stand die Frage der Innengestaltung im Zentrum und damit der Versuch, all das bisher Gedachte und Konzipierte baulich aufzugreifen. Insbesondere ging es um die Frage, welche Materialien kommen zur Verwendung und wie erhält der Gesamtraum sein „spirituelles Innengewand". Um meine Gedanken und „innere Vorstellung"; die bis dahin gereift waren, den Verantwortungsträgern, Architekten und Planern weiterzugeben und auch vor Augen zu zeichnen, habe ich versucht, eine Predigt „über den neuen Kapellenraum" zu schreiben, ausgehend von dem die innere Gestaltung immer stärker prägenden Gedicht „Bitte" von Hilde Domin bis hin zum Hineinführen in die Verse „Von gute Mächten" von Dietrich Bonhoeffer. Diese Predigt wurde sozusagen im und angesichts des noch ganz leeren Raums geschrieben und nie gehalten.

Bitte

Wir werden eingetaucht
und mit den Wassern der Sintflut gewaschen
Wir werden durchnässt
bis auf die Herzhaut

Der Wunsch nach der Landschaft
diesseits der Tränengrenze
taugt nicht
der Wunsch den Blütenfrühling zu halten
der Wunsch verschont zu bleiben
taugt nicht

Es taugt die Bitte
dass bei Sonnenaufgang die Taube
den Zweig vom Ölbaum bringe
dass die Frucht so bunt wie die Blume sei
dass noch die Blätter der Rose am Boden
eine leuchtende Krone bilden

und dass wir aus der Flut
dass wir aus der Löwengrube
und dem feurigen Ofen
immer versehrter und immer heiler
stets von neuem
zu uns selbst
entlassen werden.

(Hilde Domin)

1.

Um heiler entlassen zu werden, etwas heiler an Seele und eigenem Leben, braucht es die Begegnung mit Heilsamen, die Begegnung mit sich und dem eigenen Leiden, den Freuden und den Hoffnungen, der eignen Lebensgeschichte, die Begegnung mit Gott, damit das Leben sich getragen, geröstet und geborgen weiß, damit Leben in seinen Wunden wahrgenommen wird, Fragen Raum finden, Dank und Klage ihre Zeit haben, Antworten sich auftun und einem Jemand begegnet, der das Leben in seiner Gebrochenheit liebt.

Um heiler entlassen zu werden, bedarf es des Sich-Einlassens auf die Begegnung, des Zugehens und Hinzukommens. Mit dem Schritt ins Krankenhaus betreten Menschen einen besonderen Raum, ein Gebäude, das Angst auslöst, Hoffnung weckt, dem man sich überlassen muss, das ganz anders ist als das, was ihnen vertraut ist, und gerade darin die Aussicht gewährt, wieder nach bestimmter Zeit in die Normalität zurückzukehren.

Um heiler entlassen zu werden, betreten Menschen dieses Gebäude und ihr Blick fällt auf das, was im Eingangsbereich wie als eine Vorhersage auf das auf sie Zukommende anwesend ist, sie suchen erste Orientierung, nehmen erste Begegnung wahr. Ihr Blick gleitet an den weißen, lichtbestrahlten Wänden unsicher entlang und harren auf das, was sie im Inneren des Gebäudes erwartet. An der einen Wand entdecken sie Worte, die anders sind als die Worte, die sonst im Eingangsbereich zu lesen sind, sie lesen von „Guten Mächten" von „wunderbar" und „geborgen", hineingeschrieben in viele andere Worte, die sich lesen, als wären sie aus ihrem Leben geschrieben.

Vielleicht fällt ihr Blick wortgeleitet in die gegenüberliegende Seite, den langen etwas düsteren Gang entlang und er fällt auf einen ferner gelegenen Blickpunkt, der sich abhebt von seiner Umgebung. Er ist heller, licht durchströmter, die Wände tragen lebendige Farben. Er scheint etwas zu beherbergen, was über das Krankenhaus hinaus geht. Ein paar Schritte auf diesen Lichtpunkt hinzu lässt das Auge das Wort „geborgen" noch einmal lesen, aber unter dem Wort scheint ein Zugang zu sein, sich ein Raum zu eröffnen. Es könnte ein Raum der Geborgenheit sein, es könnte sich lohnen, sich ihm anzunähern, in ihn hineinzugehen.

2.

Der Boden, der in die Kapelle führt, ist dunkler als der, von dem die Menschen aus dem Krankenhaus kommen. Der Raum der Kapelle gehört zum Krankenhaus, es gibt keine Grenze, die es zu überwinden gelte, keine Tür, keine Schwelle, und doch ist es ein anderer Raum, ganz anders als die sonstigen Räume, irgendwie strahlt der Zugang Wärme aus, Lebendigkeit, Zutrauen. Ein paar Schritte hinein in den Vor-Bereich geht es nach rechts und sichtbar eröffnet sich ein größerer Raum, noch ist nicht alles zu sehen, aber es werden Licht, Erde, Boden spürbar.

Mit allem, was in ihnen ist, an Leben und Sterben, an Krankheit und Hoffnung, an Liebe und Werden betreten Menschen den Kapellenraum, sie spüren Boden unter den Füßen, sie fühlen sich geerdet, irgendwie in aller Ambivalenz gegründet, sie haben ihre Fragen im Kopf, ihre Sorgen in der Seele, ihre Krankheit. Sie sind unsicher, tastend, wartend, ängstlich, voller Hoffnung und dankbar, sie spüren einen festen, gangbaren Weg in einen Raum, der etwas zu versprechen scheint.

Sie blicken in den Raum, sehen die Fenster, das Licht, das gebrochen durch sie scheint, sie spüren die Höhe im Raum, stehen aber noch wie geduckt am Rande des Raumes. Der Raum verheißt ihnen aber etwas, erzählt ihnen von der Niedrigkeit, die sie durchleben, vom Elend und der Endlichkeit, aber ihr Sinn und Körper werden ausgerichtet, aufgerichtet, werden wie erhöht. Sie gehen weiter in die Mitte, nicht ganz, denn dort sind Stühle versammelt, sie sind leer, unbesetzt.

Sie gehen um die Mitte herum, die Ränder des Raumes haben auch so etwas wie Stühle, etwas, auf das man zugehen kann, sie stehen etwas im Dunkel, der Blick geht wieder auf die Fenster zu, ins Weitere, Hoffnung keimt auf, aber wie noch ungeboren, wie verschleiert. Es ist nicht alles gut, vielleicht: noch nicht. Der Blick zum Fenster, auf das Fenster wird geleitet, geführt: Er blickt hinaus, aber bleibt bei sich, das Leben spiegelt sich darin, die ganze Wand wird zum Fenster, der Blick gleitet zu den beiden Ecken des Raumes. Sie gehören zum Fenster, zum Ausblick, zur sich entbergenden Durchsichtigkeit, zur sich langsam vielleicht gebärenden Hoffnung.

3.

Noch ist der Mensch nicht ganz im Raum, er ist noch wie hineingeraten in diesen Raum wie in sein Leben mit Krankheit, er ist verletzlich, geschunden, wund, aber doch irgendwie geborgen, getragen, fast angekommen trotz der Fremdheit, trotz der Anderzeit im Krankenhaus. Vielleicht in der Arche. Der ganze Raum erscheint jetzt. Er wirkt auf den Menschen in ihm. Menschen fühlen sich wie eingetaucht, wie als ob alles über sie eingebrochen wäre, wie als ob Diagnose, Einbestellung, Arztgespräche, Heilungsaussichten eine Sintflut gleich auf sie einströmten und sie wegzureißen drohten, wie als ob das Herz durchnässt würde und droht mit unterzugehen. Zwischen Boden und Fenster, zwischen „Hier-nicht-sein-wollen" und „Ich-muss-hier-sein", zwischen Mensch- und Patientensein, zwischen krank und gesund, zwischen „Leben geboren" und „Leben wird werden", zwischen Dank und Angst, Suchen und Hoffen gewährt der Kapellenraum Ort und Zeit, hält er zart und bestimmt, möchte er Geborgenheit schenken, die nicht übertüncht noch überspielt.

4.

Der Mensch geht einen Schritt weiter, vielleicht einen entscheidenden. Er geht nach links oder rechts oder nacheinander erst zum einen und dann zum anderen. Er bewegt sich im Raum, er bewegt sich vielleicht einen wichtigen Schritt in seiner Krankheit.

Die beiden Wände der Seitenschiffe sind bearbeitet, sie tragen das Leben irgendwie archaisch, aber gestaltet an sich, sie sind aus Menschenhand, nicht glatt, nicht erhaben, aber sie tragen die Konturen, die das Leben in all seinen Höhen und Tiefen in sich trägt und jedem bringt. Die Wände können angefasst, berührt werden, aber so als würde man über eine vom Leben gegerbte Hand streichen, mit Respekt und aufkeimender Liebe. Die Wände sind aus Lehm, erinnern daran, dass wir von Erde genommen sind und wieder zu Erde werden, dass wir aber Geschöpfe sind, gemacht, gewollt, geliebt, auf Hoffnung hin mitten im Vergehen. Die Wände lassen Menschen sich als Geschöpf suchen, legen Antwort nahe, wecken Wünsche und Hoffnung nach einer „Landschaft jenseits der Tränengrenze" der Krankheit, nach einem Blütenfrühling des Lebens, nach einem doch verschont werden.

Die Arche ist kein Wohnort für immer, sie ist Behausung, Zwischenort in Notzeiten, Ort möglicher Verwandlung.

5.

Angekommen im Raum der Stille setzen sich Menschen hin, sie kommen etwas zur Ruhe, äußerlich, innerlich tobt vielleicht die Sintflut der Ungewissheit. Sie sehen auf die kleinere Wand ihnen gegenüber, dort stehen Worte, so vielfältig wie Menschen sie schreiben, so verschieden Handschriften sind und sich das Leben ins Leben einzeichnet. Es sind Worte, die beim Betreten ins Krankenhaus vage schon gelesen werden konnten, nun stehen sie vor Augen. Der Blick bleibt an bestimmten stehen, verweilt und schreibt das eigene Leben mit hinein, in den Worte selbst erscheinen die Dinge, die Situationen, das Gewesene und Werdende darin und dahinter, eine ganze Welt. In dieser Welt finden sich Menschen wieder, mit dem, was in ihnen los ist, sie finden sich sich selbst gegenüber, ein Stück Abstand wächst. Ich bin der, von dem da an der Wand etwas steht. Ich finde mich wieder, sammel mich den Worten entlang.

Im Raum der Stille haben Menschen einen Ort für ihre Worte, fangen Menschen ihre Fragen ein und fangen an, sich zu konzentrieren, im Hin-und Hergeworfen sein, im Wanken der Lebensarche über das offene Meer sich zu beruhigen, sie klagen und drücken ihr Leid aus, sie danken und teilen Freude, sie jammern und finden dafür Worte, sie beten und tasten nach dem EINEN. „Die Bitte, dass bei Sonnenaufgang der Taube" von Seelenfrieden kündet, wird lauter, geht der Erfüllung entgegen.

Menschen zünden eine Kerze an, stellen sie in das kleine Becken Wasser, die Kerze schwimmt, ein kleines Abbild der großen Arche, aber jetzt anders: Hoffnungslicht, sein Licht scheint in der Finsternis. Im gleichmäßigen Flackern der Kerze gehen und kommen die Gedanken. Ein kleiner Stein mit Worten wird in die eigenen Hand genommen, und in eine Schale Sand gelegt, damit ist das Wort nicht mehr beim Menschen, sondern abgelegt; noch mehr Distanz und Sichfinden; auf Steine können andere Worte geschrieben werden, solche, für die noch kein Stein da ist, vielleicht auch Namen. In der kleinen Sandschale wird ein Pendel leicht angestoßen, er zeichnet sich in den Sand, es wirkt wie gleichmäßig gezeichnete Wege.

6.

Am Fenster vorbei gehend, vielleicht in sich mehr an Ruhe und mehr an Hoffnung, eröffnet sich der Raum des Gedenkens. An der Wand sind Gesichter erkennbar, keine konkreten, nur Umrisse, aber klar sichtbar, eine Vielzahl von unterschiedlichen Gesichtern, in denen abzulesen ist, was das Leben ihnen gebracht hat, wie ihr Leben war, gefüllt mit Leid, erfüllt mit Freude, ausgemergelte, glückliche Gesichter, strahlende, traurige. Eine Gesichter-Welt, zu der mein Gesicht wohl auch zählt, in die sich mein Gesicht wie einreiht. So viele Gesichter, so viele Geschichten und Einzelschicksale, so viele vergangene und kommende Lebenswelten.

Im Raum des Gedenkens sehen Menschen ein Buch, aufgeschlagen und offen, offen wie die Lebensgeschichte von Menschen hier an diesem Ort, offen durch Untersuchungen und Diagnosen, durch Eingriffe und nackte Körper. Im Buch stehen Namen, immer eine Spalte einer anderen gegenüber, fein säuberlich untereinander und sich gegenüber geschrieben, über der einen Spalte steht „gestorben", über der anderen „geboren". Auf der Seite ganz oben stehen die Daten einer Woche. Das sind die gestorbenen und geborenen Menschen in diesem Haus, Woche für Woche. Menschen lesen und blättern zurück und blättern wieder nach vorne, die Gedanken gehen zurück und nach vorne: Wen habe ich in meinem Leben verloren, wer ist mir gestorben?

Wer kam in mein Leben? Wer ist mir geboren? Und ich bin auch dabei, gehöre zu diesen, gehöre zu vielen, eingeschrieben in die lange Geschichte von Menschen, von Generationen, auch eingeschrieben in Gottes unendliche Geschichte, eingebettet in die Geschichte von Vater, Sohn und Heiligen Geist. Menschen setzen sich hin, wieder ein Stuhl, wie all die anderen, aber sie sitzen anders, aufgehoben und geborgen. Ihre Bitte ist da und wächst: „dass doch endlich die Blätter der Rose am Boden eine leuchtende Krone bilde …".

7.

Menschen stehen auf und machen sich wieder auf den Weg, zurück, das Fenster im Rücken, den Weg nach draußen, wieder in die anderen Räume des Krankenhauses. Sie stehen auf und drehen sich um und sehen über die Stühle hinweg ein leuchtendes Fenster, bunt, so bunt, wie sonst nichts in den Raum, wie der Raum jetzt als ganzer und neu erscheint. Das bunte Fenster war wohl nicht schon immer hier. Es wurde hier neu montiert. Es leuchtet, es hat wie Risse in sich: Das Leben ist nicht perfekt. Es ist ein Regenbogen. Die Geschichte der Arche wird zu Ende erzählt, eigentlich hin zu einem neuen Beginn.

Der Raum erstrahlt, die Höhe wird eine Höhe hin zu dem, der den Bund niemals aufkündigt, die Erde der Wände ist die Erde, aus der wir auferstehen, der Boden unter den Füßen gründet und lässt uns gehen. Der Regenbogen erzählt vom Frieden, vom Sammeln aller Lebensfarben, auch von Grau und Schwarz, alles scheint geborgen in dem EINEM, der Himmel und Erde geschaffen hat, der in Krankheit uns auch hält, der wahrhaftig heilsam für unsere Seelen ist. Im vorsichtigen Blick zurück und um sich wird Kreuz und Regenbogen zum Heilszeichen des Lebens mitten im Tod. Es scheint für mich wahr werden zu können: „dass wir aus der Flut … immer versehrter und immer heiler stets von neuem zu uns selbst entlassen werden."

8.

Menschen verlassen den Kapellenraum, hoffentlich anders. In seiner Mitte stehen Stühle. Menschen kommen zu ihnen, vielleicht wieder, vielleicht von wo ganz anders her. Je aus ihrem Leben, das immer auch die Zeichen von Krankheit und Gesundheit, von Sterben und Leben, von Vergehen und Werden in sich trägt.

Menschen setzen sich nieder, richten sich aus, spüren den Raum mit Stille und Gedenken um sich herum, Worte sind da, Gesichter auch, im Rücken scheint die Hoffnung zart hinein, rechts und links ist die Erde, unter den Füßen der feste Boden und gegenüber: Der Regenbogen, das Wort und die Gaben der Schöpfung. Menschen feiern Gottes Gegenwart, gesagt, genommen, gespürt. Sie feiern Gottesdienst und Andachten, in denen das Leben zu Wort kommt, von Heilung leise gesprochen wird, in denen das Wunder des „Zum-Leben-Kommens" als Geheimnis gelassen und still dafür gedankt wird, wo Krankheit und Vergehen gemeinsam geteilt und getragen werden, wo Menschen durch die Sintflut hindurch in einer Arche wieder ans ihr Lebens-Land kommen, wo sie für sich wahrnehmen, was beim Betreten schon stand: „Von guten Mächten wunderbar geborgen".

Von guten Mächten wunderbar geborgen,
erwarten wir getrost, was kommen mag.
Gott ist bei uns am Abend und am Morgen
und ganz gewiss an jedem neuen Tag.

Noch will das alte unsre Herzen quälen,
noch drückt uns böser Tage schwere Last.
Ach Herr, gib unsern aufgeschreckten Seelen
das Heil, für das du uns geschaffen hast.

(Dietrich Bonhoeffer)

Grundlegung

„Was soll ich tun,
damit ich das ewige Leben ererbe?“
(Markus 10, 17)

In Gottesdiensten gibt sich Gott der Welt dar, er entäußert sich und wird für Momente unter menschlichen Bedingungen von Raum und Zeit spürbar. In Gottesdiensten kommt Gott zur Welt und stellt sich der Welt dar als der, der er ist, der in Jesus Christus menschgewordene Gott der Liebe. In Gottesdiensten entsteht für die Gäste am Leben Gottes die Welt Gottes, sein Leben und wird zugänglich. Menschen erfahren Gott und werden aufgerüttelt, ermutigt, gestärkt, berührt, orientiert und haben Anteil am Leben Gottes. In Gottesdiensten kommt das Leben, wie es sich Gott vorstellt, zu dem er ermutigt, in das er hineinführt und wie es im Leben seines Sohnes Jesu Christi einmalige Gestalt gewonnen hat, zum Menschen. Menschen werden in ihrer Zeit der Ewigkeit ansichtig und erfahren den Glanz Gottes für ihr Leben. Gott spricht sich im Wort aus und wird in ihm ansprechbar, jenes Wort, mit dem er die Welt geschaffen hat, das in Jesus Christus Fleisch wurde und mit dem er das Leben vollendet. In seinem gesprochenen, gesungenen, spürbaren Wort, in Segen und Ritus können Menschen einkehren, um dort für sich ihr Leben als Gottes Leben zu suchen und zu finden. In Gottesdiensten verwandelt sich Gottes Leben in menschliches und menschliches in göttliches. In jedem Gottesdienst zeichnet sich das Reich Gottes für Menschen ab.

„Euer Leben ist verborgen
mit Christus in Gott.“
(Kolosser 3, 3)

In unseren Einrichtungen geht es ums Leben, im wahrsten Sinne des Wortes. Es geht um Gebären und Geboren werden, um Kranksein und Gesunden, um Altern und Sterben, um Vergehen und Werden, es geht um das Leben in verdichteter Form.

Menschen leben, sie führen ihr Leben, so wie sie sind. Ihr Leben hat Anfang und Ende, Höhepunkte und Abbrüche, Menschen geben und empfangen, sind zusammen und alleine auf dem Weg. Menschen gestalten ihr Leben. Postmodern gesprochen besteht ihre Aufgabe darin, ihrem Leben eine integrative Form und Gestalt zu geben. Diese Aufgabe ist eine Lebenskunst und bleibt zeitlebens Herausforderung, die sich Menschen je in ihrem Lebenskontext mit ihren Möglichkeiten stellen müssen oder dürfen.

Unsere Einrichtungen sind hierbei ein besonderer Lebenskontext für Menschen. Einer, an dem ihr Leben krisenhaft herausgefordert ist, wo den Menschen Antwort auf ihr Leben abgenötigt wird und gefragt ist, wo das Leben selbst zur Aufgabe wird. Sein Leben zu gestalten, bedeutet, Gestaltungs- und damit Lebensmöglichkeiten zu haben. Dort, wo diese (je eigenen) Möglichkeiten, schwinden, gemindert werden, nicht da sind, gerät Leben ins Stocken, aus dem Gleichgewicht, ins Nachdenken, vielleicht sogar in die Krise. Lebensgestaltung wird dann zur ausdrücklichen, teilweise zur zugemuteten und kaum bewältigbaren Aufgabe. Krankheit bedeutet, dass natürliche dem Körper oder der Psyche zur Verfügung stehende Möglichkeiten der Lebensgestaltung eine empfindliche Störung erleben und es darum geht, wie Menschen in solchen Situationen wieder zu Lebensmöglichkeiten kommen. Gottesdienste können Menschen in diesen Horizont der Lebensmöglichkeiten stellen und einen erheblichen Beitrag für erkrankte Menschen leisten.

„In ihm war das Leben,
und das Leben
war das Licht der Menschen."
(Johannes 1, 4)

Die Gottesdienste in unseren Einrichtungen stellen – wie beschrieben wie jeder Gottesdienst – die Fülle des Lebens Gottes dar und damit auch die Fülle der Lebensmöglichkeiten, wie sie von Gott her gegeben sind und werden. Menschen in unseren Einrichtungen bedürfen dieser Darstellung und der Gottesdienste besonders.

Gottesdienste gehören notwendig zur Lebenskultur in unseren Einrichtungen und es ist ihre spezifische Aufgabe, das Leben selbst zum Thema und zum Gegenstand zu machen. Da die „Lebensfrage" in unseren Einrichtungen verdichtet präsent ist, braucht es Gottesdienste, die das Leben ebenso verdichtet, intensiv, bedacht und entfaltet zur Sprache bringen. Es braucht vom Leben und Gottes Lebensfülle beseelte Gottesdienste. So leben die Gottesdienste in unseren Einrichtungen davon, dass das Leben in seiner ganzen Tiefe und in verdichteter Form zum expliziten Thema wird und sich darin Gottes Leben abzeichnen mag.

Durch sie wird für Menschen sichtbar und lebbar: In Gott und im Glauben an ihn bekommt das Leben eine eigene Gestalt, wird die Lebenskunst zu etwas, was vor Gott, von ihm und zu ihm hin, unternommen wird; Gott dient dabei als Horizont des menschlichen Lebens, ein Horizont, dem Verstehen, Deuten und Rekonstruieren des je eigenen Lebens dient, letztendlich und immer vorläufig eines Lebens, das Gott prägt, bestimmt, rekonstruiert, das Gott wohlgefällig ist und dem nahe kommt, wie es in Jesus Christus heilsam erschien und erscheint.

Gottesdienste können auf diesem Weg einen wesentlichen Beitrag zum Menschsein des Menschen leisten und auch speziell dienlich sein für deren Leben in der Krankheit bzw. für eine mögliche Genesung. Wenn „Gesundheit" den lebensförderlichen Umgang mit der Störung der Lebensgestaltung durch Verlust der natürlich gegebenen Lebensmöglichkeiten meint, können Gottesdienste hier dienlich sein und sind in sich diakonisch.

„Ich bin das lebendige Brot … Wer von diesem Brot isst, der wird leben."
(Johannes 6, 51)

Gott begegnet Menschen nicht nur im „Gewand" von Gottesdiensten und nicht alles, was an Gotteserfahrung sich ereignet, ist Gottesdienst. Die Zuwendung Gottes hat viele Gesichter, im Kontext von unseren Einrichtungen vor allem auch das freundlich zugwandte und heilsame Gesicht der Seelsorge. Das Spezielle der (hier im Entwurf absichtlich weit gefassten) Form des Gottesdienstes ist, dass Gott sich Menschen vermittelt zuwendet, dass er sich sozusagen bestimmter „Mittel" bedient, um Menschen nahe zu werden und zu sein; diese „Mittel" gehören verschiedenen Ebenen an und sind Wort und Abendmahl, aber auch Raum und Zeit, Liturgie und Formen. Dabei ist wichtig, dass keine Möglichkeit der Gottesbegegnung mehr Dignität hat. Jede hat ihre Zeit. Gott schenkt sich, wem er will.

Der Gottesdienst an sich hat verschiedene Wirkungen auf Menschen, diese können nur begrenzt erzeugt werden, sie entstehen und werden von Menschen bemerkt. Einzelne Gottesdienste sind nicht „aufteilbar" in bestimmte bzw. verschiedene Wirkungsarten oder Funktionen, die sie erfüllen. Denn: Wenn in ihnen Gottes Lebensfülle sich offenbart und Menschen begegnet, dann ist „Gott" für sie ganz da und nicht nur in Teilen; die Resonanz, die bei Menschen geschieht, ist eine unterschiedliche. Wenn man so will schenkt Gott in Gottesdiensten Menschen, was sie brauchen. Er weiß darum. In welcher „Stimmung" und mit welchem Bedürfnis Menschen in Gottesdienste kommen, ist extrem schwer auszumachen bzw. nahezu unverfügbar. Vielleicht ist dies auch gut so, da ansonsten Gottesdienste Gefahr laufen würden, zu sehr zum Menschenwerk zu werden. Dies gilt auch für Gottesdienste in unseren Einrichtungen, auch wenn die Lebenslage der Menschen, die hierher kommen und hier sind, mit Sicherheit spezifischer sind. Aber ist klar, was sie in dem Moment, in dem ihnen Gott im Gewand eines Gottesdienstes begegnet, von ihm und deshalb von uns genau brauchen?

Etwas anderes ist es, darüber nachzudenken, was Mensch hilfreich ist, sich auf die Begegnung mit Gott einzulassen. Da gibt es Kennzeichen von Gottesdiensten, die dies eher berücksichtigen und befördern, zumindest nicht verhindern. Und dabei spielt die Welt unserer Einrichtungen eine prägende Rolle. Menschen können sich vielleicht da auf ein Geschehen einlassen, wo sie antizipieren können, dass ein solches „im Schwange ist". Es müssten also so etwas wie Anzeichen sichtbar sein, die ihnen signalisieren: Hier geht es möglicherweise um das Momentum der Gottesbegegnung. An-Zeichen werden da von Menschen vernehmbar, wo diese nicht von der Welt sind, in der sie gerade sind. Hier spielen „Raumsprachen"

eine große Rolle, aber auch das An-Sprechen im gottesdienstlichen Geschehen. Es müsste eine „Formsprache" gefunden werden, die die Anderswelt der Gottesbegegnung als eine dieser Welt sowohl gegenüberstehende als auch aufnehmende Welt aufscheinen lässt. Das ist zum Beispiel das Kernmoment von Trost. Es müsste also in Bezug auf uns geschaut werden, wie unsere Einrichtungs-Welt ist und wie die übersteigende „Formsprache" unsere Gottesdienste sein könnte.

Sich daraus ergebende mögliche Charaktere unserer Gottesdienste könnten sein: unterbrechend, verlangsamend, Ruhe bereitend, Geborgenheit schenkend, Heimat anbietend, Identifikation ermöglichend, in die Weite führend, Alternativen anbietend: das Kleine, das Einzelne und seine Würde beachtend, Beziehung bereitstellend bzw. stiftend, Schutz gewährend, von Nützlichkeit entlastend. Diese „Funktionen" wären fortlaufend bei der Gestaltung unserer Gottesdienste zu beachten und zu berücksichtigen. Im gewissen Sinne wäre dies eine erste querlaufende Leitlinie, die von bestimmten Leitlinien noch mal anders akzentuiert aufgegriffen werden.

Leitlinien

Aus diesen Grundgedanken ergeben sich Leitlinien für Gottesdienste, die im Krankenhaus die Lebendigkeit abbilden sollen. Dem Gedanken der Darstellung des Lebens Gottes in Gottesdiensten folgen Grundmotive, wie diese Lebensfülle in den Gottesdiensten zur Sprache kommen und gefeiert werden können.

„Er diene
und sein Leben gebe als Lösegeld für viele."
(Markus 10, 45):
Leitlinie: stellvertretend

Das Leben muss zur Darstellung gebracht werden, um seinetwillen, es ist immer auch Doxologie des Lebens Gottes. Da Gott den Menschen aber auch dienen will, muss das Leben auch um der Menschen willen Gestalt gewinnen, die in dieses Leben direkt hineingenommen werden sollen. Schließlich muss das „Leben" aber auch zur Darstellung kommen um derer willen, für die dieses Leben und seine Fülle überhaupt gedacht und beabsichtigt sind. Deswegen sind Lebens-Gottesdienste Dienst an der Welt, auch und gerade, wenn diese nicht an den Gottesdiensten direkt teilnimmt. Es geht – im Zuge des prophetischen Amtes – darum, das Lebensthema präsent zu halten und allem Volk zu unterbreiten, es im öffentlichen Raum und Bewusstsein lebendig sein zu lassen und so auf seine Tiefen erinnernd, mahnend und verheißungsvoll hinzuweisen. Solche Gottesdienste sind dann immer stellvertretendes Tun. Sie geschehen für andere und vor allem an deren Stelle, nämlich an einem Ort, an dem sie nicht sind, an dem aber auch ihre Lebens-Themen verhandelt werden. Für sie wird wachgehalten und zur Darstellung gebracht, was für sie und für alle als „Lebens-Thema" grundlegend und lebensnotwendig ist.

Speziell dienen diese Gottesdienste der Suche nach Identität im Leben. Sie erzählen von der Bestimmung des Lebens und dem Auffinden des „roten Fadens" im Leben. Sie sprechen davon, dass Leben gerufen und versprochen ist. An ihnen können Menschen sehen und wahrnehmen, dass Leben in Gott ein lobendes, dankendes und getröstetes Leben darstellt, eines, das mit Sinn geschaffen ist, sich verdankt, geborgen ist und hoffen kann. Das Leben wird spürbar als Fest.

Gottesdienste leisten hier eine besondere Verknüpfungsarbeit für Einzelne, aber auch für die Identität von Gesamtheiten: Da sich in Gottesdiensten Gott ereignet und darstellt, können dort Menschen ihre Identität, einen „göttlichen roten Faden" ihrer Biografie finden, in dem und mit Hilfe dessen sie ihr Leben gewinnen, trotz und in aller Brüchigkeit. Solche Lebens-Verknüpfung von Gottes-Ereignissen ist vielleicht in einer besonderen

Art und Weise dort präsent, notwendig und gefragt, wo menschliches Leben selbst unverrückbar und am eigenen Leib spürbar vor der Aufgabe steht, sich mit sich zu verknüpfen, also an den sogenannten Wechselfällen des Lebens und den damit womöglich einhergehenden Lebenskrisen und Identitäts- bzw. Verknüpfungslücken. Krank werden bedeutet, solche Lebenskrise leibhaftig zu erleben und vor der Herausforderung zu stehen, sein eigenes Leben sozusagen weiterzuknüpfen. Im Krankenhaus kann es und kommt es dazu, dass „in, mit, unter" den anderen Lebensfäden sich Gott mit Leben verknüpft und sozusagen die „Kette" der Gottes-Ereignisse gerade in solchen existentiellen Situationen weitergeknüpft wird. Gottesdienste dienen genau diesem Geschehen.

„Sorgt euch nicht um euer Leben
… Ist nicht das Leben mehr …"
(Matthäus 6, 25)
Leitlinie: schöpferisch

Leben ist aus dem Nichts geschaffen und wird von Gott fortgesetzt schöpferisch lebendig gehalten. Grundlegende Lebensbewegung ist die des Staunens, des Staunens über sein eigenes Wunder. Das Leben ist berührt und berührt, es vernimmt und drückt sich aus, empfängt und gibt weiter, es erkennt und hat Phantasie, es träumt und verändert, es sucht und findet.

Das Leben ist grundlegend ein Geheimnis, unerschöpflich und wunderbar, tiefsinnig und überströmend. In ihm ist nicht alles mach- und planbar. Vieles bleibt dem, der das Leben zu gestalten sucht, entzogen. Das Leben ist unverfügbar und hat Geschenkcharakter.

Daraus erwächst, dass Lebens-Gottesdienste selbst schöpferisch und kreativ sind. Sie kommen aus dem Staunen und bewirken Staunen. Sie haben Freude am Experiment und Wagnis, vertrauen auf Wunder und Gottes Möglichkeiten, sie setzen „ohne Geländer" auf den schöpferischen Geist Gottes und versuchen, das Unplanbare zu gestalten.

„Gott aber ist ... ein Gott der Lebenden;
denn ihm leben sie alle.“
(Lukas 20, 38)
Leitlinie: relational

Leben ist fundamental relational. Es ist immer Leben inmitten von Leben, das aufeinander bezogen ist. Leben ist sozial und sucht Gemeinschaft, es lebt dialogisch und findet sich in Begegnung wieder. Erst im Gegenüber zum anderen Leben wird es Leben.

Die Lebensrelationalität bezieht sich auf anderes Leben, auf den Grund des Lebens und auf die verschiedenen Dimensionen des je eigenen Lebens. Im Horizont der Bezogenheit auf Gott und auf anderes Leben ist das Leben auch immer selbstrelational (Doppelgebot der Liebe).

So gibt es Leben immer nur im Plural als Leben in Vielfalt. Und so gibt es Leben immer auch nur als die ganzheitliche Mehr-Summe aus Teilen und als Geschichte seiner selbst. Leben hat Vergangenheit und Zukunft, es ist seiner bewusst, es erinnert und vergisst, es sehnt und vermisst, es hofft und vergeht, es träumt und vertraut, es liebt und stirbt.

Lebens-Gottesdienste sind notwendig relational, sie kommen aus Bezügen und stellen in Bezüge, sie haben eine Vor- sowie eine Nachgeschichte, sie verorten und verbinden, sie sind Begegnung auf dem Weg von anderen Begegnungen und Punkte in Lebensgeschichten von Menschen. Sie sind immer nur ein Teil von jeweils einem anderen Ganzen, in dem und für das sie stehen. Sie sind bestimmte Ablaufpunkte in Prozessen, deren integratives Moment sie wären. Sie sind Augenblicke der Ewigkeit Gottes, Zeit- und Raumpunkte im Kontext von immer weiteren Zeiten und Räumen.

„Wer sein Leben verliert um meinetwillen,
der wird's finden.“
(Matthäus 10, 39)
Leitlinie: sensibel

Leben ist geschaffen und damit endlich und vergänglich. Leben ist fragmentarisch und brüchig. Leben kann scheitern und sinnlos sein, es kann hin- und hergeworfen werden und in unvorhersehbare Krisen geraten. Es kann Schuld auf sich laden und verletzt werden, es altert und hat den wunderbaren Schatz der Gottebenbildlichkeit nur in irdenen und zerbrechlichen Gefäßen. Es spiegelt die Wirklichkeit des Gekreuzigten und Auferstandenen als Lebenswirklichkeit ins Leben.

Lebens-Gottesdienste tragen dem Rechnung. Sie sind sensibel und aufmerksam, wach und wartend, sie sind zärtlich und vorsichtig. Sie achten das Zerbrechliche und Verletzliche, sie suchen die Wunden auf und gehen die Vergänglichkeit mit, sie respektieren Grenzen und wagen sich in Krisen, sie wissen um die Wechselfälle des Lebens und den dünnen Faden, an dem das Leben hängt. Sie suchen das Verlorene und verlieren Vordergründiges absichtsvoll aus dem Blick.

„Denn in ihm leben, weben und sind wir."
(Apostelgeschichte 17, 28)
Leitlinie: „in Form"

Leben ist Gabe und Aufgabe, Leben ist zu führen, zu gestalten, zu bestehen und zu überleben. Dem Leben ist Ausdruck und Form zu geben, in denen sich der Inhalt des Lebens wiederfinden kann. Leben ist immer gelingende und misslingende Lebensgestaltung, mündet in alltägliche Versuche der Lebenskunst und findet sich wieder in je eigenen Lebensstilen.

Lebens-Gottesdienste sind so etwas wie Gottes-Lebens-Künste. Sie haben Form und Ausdruck, damit sich Gottes Fülle dort finden mag. Sie folgen bestimmten Regeln, vereinbarten Räumen und verlässlichen Zeiten. Sie kehren regelmäßig wieder und bieten Verbindlichkeit inmitten des Unverbindlichen. Sie haben einen gemeinsamen Rahmen und sind kontinuierlich antreffbar, sie sind erwartbar und einschätzbar. Sie gewähren Raum und Zeit und schenken Geborgenheit und Ruhe.

Konkretionen

Alle Gottesdienste in unseren Einrichtungen zeichnen sich durch diese Leitlinien, die auf oben genannten Grundlagen beruhen, aus. Die einzelnen Leitlinien finden sich in den verschiedenen gottesdienstlichen Formen verschieden gewichtet wieder. Bestimmte Gottesformen oder -typen verwirklichen eine bestimmte Leitlinie besonders deutlich und setzen Schwerpunkte im Blick auf bestimmte Intentionen von gottesdienstlichem Geschehen. Aber nur als Ganze bildet die gottesdienstliche Landschaft alle Leitlinien ab.

Bevor auf verschiedene konkrete Gottesdienstformate eingegangen wird, sollen noch Punkte benannt werden, die grundlegend für die Frage sind, wie Ideen zur Grundlegung und Leitlinien konkret umgesetzt bzw. erfüllt werden können.

1. Die konkrete „Gottesdienst-Landschaft" muss wachsen, mit all dem, was „Wachsen" mit beinhaltet: Pflege, Rausreißen, Wildwuchs, Warten, Hoffen, Vertrauen, Ernte und Brache. Besonders wichtig ist das Zulassen des Versuchs und des Irrtums, sowie der freie Blick weit weg von der Fixierung auf Erfolgsfaktoren. Das Reich Gottes wächst unbemerkt. Hilfreich wird gegenseitiges Vertrauens sein.

2. Im Anpflanzen und während des Wachsens muss die Frage beantwortet werden, wer neben Gott der „Träger" der Gottesdienstlandschaft ist, wer sich von menschlicher Seite verantwortlich weiß und wessen Gottesdienste es sind. Es muss auch die Frage nach den Ressourcen fair beantwortet werden: Welche Ressourcen (im umfassenden Sinne) gibt es, braucht es und kann es geben.

3. Quer zu allen Leitlinien und Konkretionen muss uns an der Qualität allen gottesdienstlichen Tuns gelegen sein. Auch wenn der Geist weht, wo er will, müssen beauftragte Menschen das ihre tun, damit unsere Gottesdienste qualitätsvoll sein können. Was das im Einzelnen bedeutet (und welche Rückwirkungen dies auf die Ressourcenfrage hat), wäre noch zu klären. Gut aufnehmbar sind die Qualitätskriterien, die im landeskirchlichen Konzept „Leben aus der Quelle" genannten werden.

„All deiner Kinder hohen Lobgesang"
(Evangelisches Gesangbuch Nr. 65)
Konkretion: weiter leben

Ein Gottesdienstformat in unseren und für unsere Einrichtungen sind Gottesdienste, die allein „selbstdarstellenden" Charakter haben. In ihnen geht es allein um die Darstellung (Thematisierung, Feier, Angebot) des wichtigen Lebens-Themas, wie es im Grunde nach oben im ersten und zu Beginn des zweiten Teils beschrieben wurde.

Diese Gottesdienste sind bewusst öffentliche zur Darstellung bringende Gottesdienste, in denen die Tiefe der Lebensthematik für die näheren und weiteren Öffentlichkeiten zur Sprache gebracht werden. Sie haben über sich hinausweisenden Charakter und fungieren stellvertretend (im obigen Sinne).

Sie beziehen bewusst die näheren und weiteren Kontexte der Einrichtungen im räumlichen und zeitlichen Sinne ein. Bestenfalls entwickeln sie eine Wirkung, die weiterreichender ist („Leuchtturmcharakter"). Ihre Teilnehmer sind all diejenigen, die an diesen Themen auf welche Weise auch immer interessiert, von ihm berührt oder betroffen sind. Dies können Menschen in den Einrichtungen sein oder darüber hinaus.

Diese Gottesdienste finden viermal im Jahr an einem Sonntag um 17 Uhr statt. Sie könnten von „Gottesdienstteams" gestaltet werden. Klaviermusik ist vorherrschend und die Liturgie abgestimmt auf das jeweilige Lebens-Thema. Experten können zur Sprache kommen und es ist Zeit und Raum dem Thema in verschiedener Weise nachzugehen.

„Du bist mein Atem, wenn ich zu dir bete"
(Evangelisches Gesangbuch Nr. 382)
Konkretion: eingebettet leben
Daneben gibt es ein regelmäßiges, in seinem Formen verbindliches, wiedererkennbares Format für den Sonntagmorgen. Einmal im Form eines kleinen schriftlichen „geistlichen Impulses" auf dem Frühstückstablett und einmal im Form einer auf das Abendmahl und/oder Segensgeste konzentrierte Andachtsform.

Die Liturgie dieser Andachtsform folgt einem verbindlichen Ablauf. Dieser wird allen Teilnehmern in Form eines „Flyers" zur Verfügung gestellt. Darin sind auch ritualisierte oder ritualisierbare Lieder zu finden. Ruhige Musik steht im Vordergrund, die Worte sind spärlich, geben aber Raum zum Hören. Es ist Zeit da, sich vor Gott einzufinden und zu beten. Diese Andachten können auch sehr gut von sogenannten Laien gestaltet werden.

Dieses Angebot befindet sich in der Tradition des regelmäßigen Sonntagsgottesdienstes und in der Gemeinschaft all derer, die rund um den Globus den Tag des Herren gottesdienstlich begehen. Diese gottesdienstlichen Kleinformen sind wie ein immer daseiender Strom des Lebens Gottes für die Menschen und unsere Einrichtungen, ein göttlicher Lebens-Strom, in den Menschen sich hineinstellen und daraus leben können.

„Du bist mir täglich nahe"
(Rummelsberger Brevier)
Konkretion: klösterlich leben
Klösterliches Leben speist sich daraus, dass es Raum und Zeiten gibt, in und an denen Gott alltäglich nahe sein kann. Klosterleben ist wie ein Meer punktuell ermöglichter Begegnungen mit Gott.

Im Kontrast zu der Regelmäßigkeit des Klosterlebens, aber in Aufnahme seiner Intention gibt es in unseren Einrichtungen ein „kreatives Netz" an gottesdienstlichen Begegnungsmöglichkeiten mit Gott, ein Netz, das spontan und geplant, alternativ und sensibel, anlassbezogen und spielerisch wie ein feines Netz aus Fäden der möglichen Gottesbegegnung in und um unsere Häuser gewoben wird.

Dadurch soll der oben geschilderten Kreativität des Lebens und der wunderbaren Aufgabe der Verknüpfung von Gottes-Ereignissen Rechnung getragen werden. Hier sollen aufmerksam, schöpferisch frei und bewusst Lebensfäden mit Gottes heilsamer Geschichte verwoben werden. Alles kann zum Kasus werden.

Die sich hier formierenden zwanglosen, aber inhaltsreichen Formate nehmen Bezug auf bestimmte individuelle oder kollektive Anlässe, greifen auf, was in der Luft liegt, regen an, sich zu beteiligen und Gottes Reich mit zu vollziehen, sie sind niederschwellig, einmalig und gehen dorthin, wo es der Fall ist. Hier wird getanzt, meditiert, Musik erklingt, Worte werden gesagt, Schwangere gesegnet, der Toten gedacht, Pausen ermöglicht, Unterbrechungen angeboten.

„Wohin du gehst, will ich auch gehen"
(Rut 1,16)
Konkretion: passend leben

Ein spezieller Blick gilt den Mitarbeitenden in unseren Einrichtungen, sie unterscheiden sich von allen anderen Zielgruppen der Gottesdienste, die bisher in erster Linie im Blick waren (Patienten/Klienten, Angehörige und Besucher), dadurch, dass sie genau dort arbeiten, wo andere privat in Gottesdienst gehen/gehen sollen. Dies erschwert ihren „gottesdienstlichen Zugang" inhaltlich und strukturell: Sie müssten – inhaltlich gesehen - eine zum persönlichen (privaten) Leben zugehörige Form in ihrem beruflichen Kontext wahrnehmen und für sich annehmen, und – strukturell betrachtet – müsste die Gottesdienstform sich in ihren stark verdichteten Arbeitsalltag einfügen lassen.

Es wären also „Gottesdienstformate" zu suchen, die ins und zum Arbeits-Leben passen, zum einem in das Arbeits-Leben des Einzelnen und zum anderen in das gemeinsame Arbeits-Leben. So gibt es kleinere gottesdienstliche Formate in unseren Einrichtungen, bei denen das individuelle Arbeits-Leben im Blick genommen wird, dies insbesondere dann, wenn es im Arbeitsleben zu „Wechselfällen" des Lebens kommt und privat-biografisch besondere Punkte erreicht werden. So wird zum Beispiel ein Segenswort zugesprochen, wenn Mitarbeitende bei uns beginnen, eine Andacht gestaltet, wenn sie in Ruhestand gehen wird ihnen das goldene Kronenkreuz unter Handauflegung verliehen. In Bezug auf das kollektive Arbeitsleben werden Andachten/ geistliche Impulse da gefeiert, wo bestimmte „Arbeitsgruppen" sich regelmäßig oder auch einmalig zu gemeinsamen Anlässen treffen. So gibt es zu Beginn aller Gremiensitzung einen geistlichen Impuls. Sinnvoll wäre es auch, die besondere „Schicht-Struktur" spirituell zu beachten und kleinste Formen anzubieten, die diese wichtige Schwellensituation geistlich bereichern.

„Befiehl dem Herrn deine Wege"
(Evangelisches Gesangbuch Nr. 361)
Konkretion: virtuell leben

Die einzelnen Gottesdienste, Andachten und kleinsten Formate spiritueller Feier sind immer nur ein Teil vom Ganzen, immer nur ein Wegstück eines längeren Weges. So sind alle - nun summarisch verstanden – Gottesdienste eingebettet in einem relationalen Verweissystem formaler, struktureller und inhaltlicher Natur.

Die Gottesdienste werden insgesamt als Teile eines Lebens-Weges verstanden, des Lebens-Weges Gottes mit dieser Einrichtung und verschiedenster Lebenswege von Menschen in und außerhalb unserer Einrichtung mit sich, mit anderen und mit Gott. Das Leben bildet

sich coram deo ab. Die Gottesdienste sind immer auch eingebunden in alle spirituellen Riten, Wortzusagen, Andachten, geistlichen Impulsen, gottesdienstlichen Formaten und auch in sozusagen verdeckte weltliche Liturgien, die es in den Häusern gibt. Diese auf sich bezogene Vielfalt ist sichtbar darzustellen und stetig darauf zu verweisen. Auf Gottesdienste müsste hingewiesen werden und von Gottesdiensten müsste erzählt werden, alle sind sie Teil der großen Metaerzählung Gottes. Das einzelne gottesdienstliche Geschehen wird als „gestreckte Handlung" verstanden und Wert auf ein Vorher und Nachher gelegt. Anknüpfungspunkte werden bewusst gesucht und gesetzt. In den Einrichtungen gibt es ein lebendiges Verweissystem auf die Gottesdienste und die primären gottesdienstlichen Räume, Menschen werden im Foyer aufmerksam auf die Tiefendimension des Lebens, treffen diese auf den Stationen wieder und finden Anlässe, nach ihnen weiter zu suchen. Bewusst wird alles eingebunden in weitere und weiteste gottesdienstliche Kontexte.

So entsteht ein sozusagen virtueller Raum von Verweisen, Anspielungen, Verknüpfungen, von Wechselseitigkeit und Gegenseitigkeit, von Relationalität und Beziehungshaftigkeit. In all dem kann die grundlegende trinitarische Beziehungshaftigkeit Gottes erkennbar werden, seine Liebe zu seinen Menschen. Real und konkret wird diese Relationalität im Raum der Kapelle, die ein lebendiger Mittelpunkt der Lebens-Wege von Mensch und Gott ist. Hier finden Gottesdienste statt, hier kommen Menschen zur Ruhe und zu Worten des Lebens, hier hören sie Gottes gute Absicht und den Klang des Lebens, hier gedenken sie der Geborenen und der Verstorbenen, hier können sie dem Grund und der Mitte des Lebens begegnen: Gott.

Zwischen den ersten konzeptionellen Gedanken (im Kapitel „Fünfzig Thesen zum Kirchenraum") im Februar 2016 und der Innengestaltung der Kapelle gut eineinhalb Jahre später lagen den Kapellenraum prägende Veränderungen:

Es wurde beschlossen, das „alte" **Regenbogenfenster**, das sich in der Vorgängerkapelle am Kopf des Kapellenraumes in östlicher Ausrichtung befand, in der neuen Kapelle wieder und deutlich aufzugreifen bzw. einzubauen. Dies war auch vielen Mitarbeitern im Krankenhaus wichtig. Durch den Anbau der Intensivstation war das Fenster in der „alten" Kapelle seit Jahren nicht mehr beleuchtet. Für die „neue" Kapelle entschied man sich, das Regenbogenfenster an die südliche Längswand des Raumes einzubauen und zu hinterleuchten. So wurde dieses Fenster zu einem den Raum stark prägenden „Lichteinfall" und zum leuchtenden Symbol.

Auf Anraten des Architekten des Evangelischen Oberkirchenrates wurde der sogenannte **Gottesdienstraum** „gedreht". In den ersten Überlegungen war geplant, ihn schräg auf die große Fensterfront auszurichten. Dies schien eher verstörend auf die gesamte stark „rechtwinkelige" Struktur zu wirken, zudem hätten die Gottesdienstbesucher den Liturgen im Gegenlicht gesehen. Nun wurde der Gottesdienstraum geradewegs auf die südliche Längswand ausgerichtet, dort die Möglichkeit geschaffen, dass relativ klassisch Altar und Ambo zu stehen kommen und ihm gegenüber im Viertelkreis Stühle für die Gottesdienstbesucher. Diese blicken Richtung Altar, Liturgie und Regenbogenfenster. Dadurch wurde der Platz vor der (gegenüber liegenden) großen Fensterfront frei und zum „Verweilraum" zum Schauen nach draußen und Hin-und Hergehen zwischen den anderen beiden Teilräumen der Stille und des Gedenkens.

Der Umbau der Kapelle ging einher mit dem Anbau an die Verwaltung und der baulichen Erweiterung des Haus Landwasser (einer weiteren Einrichtung des Krankenhauses). Dadurch entstand eine „Hofsituation", bei der ein relativ schmaler Weg/Gang vom Hof zum großen Fenster der Kapelle führt. Dieser ist der notwendige Fluchtweg aus der Kapelle. Dieser Fluchtweg wurde vom Landschaftsarchitekten als „**Weg des Lebens**", der aus dem Fenster der Kapelle sichtbar ist und wie aus ihr herausführt, gestaltet. Am Ende des Weges zum Hof hin wurde ein Olivenbaum gepflanzt. Dieser nimmt inhaltlich das Regenbogenfenster auf und so bildet sich - sozusagen als die innere Raumstruktur nach außen aufbrechend – ein weiterer Raum vom Regenbogenglasfenster hin zum **Olivenbaum**.

Die „alte" Kapelle erfuhr entgegen ersten (auch dem engeren Kostenrahmen geschuldeten) Überlegungen einen umfassenderen Umbau. So entschied man sich, das alte Dach zu demontieren und ein neues **Schrägdach** zu montieren. Dadurch wurde die Fensterfront nach oben hin verdoppelt und der Raum erhielt wesentlich mehr Lichteinfall. Desweiteren wurden die alten dunklen Einbauschränke völlig entfernt, so dass der Raum nicht nur heller wurde, sondern auch etwas größer. Damit entfiel auch die Idee, die Einbauschränke als Art „Nischen" für symbolhafte Gegenständlichkeiten umzunutzen. Der Anwesenheit des Lebens des Krankenhauses musste nun anders Rechnung getragen werden. Schließlich wurde die „alte" Sakristei für Büros im neuen Anbau der Verwaltung gebraucht. Im Gegenzug entstand die Idee, den **Zugang zur Kapelle** zu verlegen, so dass man jetzt vom Hauptfoyer des Krankenhauses auf den neuen Zugang der Kapelle blicken und zugehen kann. So wurde die an die Kapelle angrenzende WC-Anlage umfunktioniert zum neuen Zugang zur Kapelle und zur neuen **Sakristei** mit kleinem Stuhllager. Dadurch gelang es, die Kapelle an das Hauptfoyer sozusagen anzuschließen, den Weg in die Kapelle (wie schon anfangs geplant) mit in die Gestaltung der Kapelle einzubeziehen und folglich die Kapelle mehr in die „Mitte" des Krankenhauses zu rücken.

Dazu ist geplant, dass im Hauptfoyer an einer großen frei gelassenen Wand der Vers des Gedichts von Dietrich Bonhoeffer "**Von guten Mächten wunderbar geborgen**" inmitten von Worten, die im Krankenhaus den Kasus beschreiben, angebracht wird und dass dann auf dem Gang hin zur Kapelle das Wort „w u n d e r b a r" an die Wände und direkt über die Tür zur Kapelle das Wort „Geborgen" montiert werden. So soll eine inhaltliche Hinführung in die Kapelle hinein gelingen, auf deren Weg das, was die Kapelle darstellen möchte, immer präsenter wird. Dies könnte zur performativen Wirkung beitragen. Die Tür zur Kapelle wurde eine Glastür, die immer aufsteht und nur geschlossen wird, wenn in der Kapelle Gottesdienste oder Veranstaltungen sind. So bleibt die Kapelle immer einladend. Der Schriftzug Bonhoeffers soll zu dessen 75. Todestag am 9. April 2020 eingeweiht werden. Mit den gleichen Gedanken, das erkennbar Christliche in der Kapelle nicht zu verschweigen, aber unaufdringlich zu gestalten, wurde entschieden, dass auf das Schrägdach ein kleineres, aber sichtbares Kreuz aus Metall angebracht wurde. Dieses ist im „Meer" der verschiedenen Dächer des Krankenhauses und dessen beiden anderen Einrichtungen sozusagen verborgen sichtbar. Hörbar und zum Gebet rufend soll die Glocke sein, die an der Seite des Schrägdachs angebracht wurde. Sie kann nur mit der Hand geläutet werden und unterstreicht dadurch die Unmittelbarkeit der religiösen Vollzüge in der Kapelle.

Schließlich wurde auch die von Anfang an im Raum stehende Frage nach der „Einheit" der fünf Räume nach langen Gesprächen und irrigen Versuchen beantwortet. Dies indem der „rechteckige" Gesamtcharakter des Raumes, wie er von den ersten Skizzen an konstruktiv und konzeptionell bestimmend war, auf die Innengestaltung bezogen wurde. So entschied man sich, die Kapelle mit **verschiedenen Quadern** auszustatten und so sowohl dem Gesamtraum eine einheitliche als auch den Teilräumen eine je eigene Atmosphäre und Nutzung zu ermöglichen. Diese Quader von unterschiedlicher Größe, aber immer in gleicher Gestalt und Materialität finden Verwendung als Altar, Ambo und als Themenquader für die einzelnen Räume. Auch die angeworbenen Kunstwerke sollten den Quader als Grundform widerspiegeln und es wurden solche Stühle ausgesucht, die dieser inneren und äußeren „Grundform" nahekommen. Zudem sollen alle weiteren „Mittel" der Kapelle (Flyer, Gottesdienstabläufe, Einladungen etc.) dieser Form nachgestaltet sein. Bei all dem ist es von großem Vorteil sein, dass das „Quader-Interieur" der Kapelle mobil ist und je nach Anlass verschieden positioniert werden kann. Dies erhöht die Flexibilität und den einladenden Charakter der Kapelle, ohne dass der „Grundtenor" verloren geht. Dieser sollte noch dadurch unterstrichen werden, dass der Raum in nur zwei hellfarbenen Tönen gestrichen wurde: die Unterseite des Daches in einem gedeckten Weiß und die Seitenwände der Teilräume/Nischen in einem hellerdenden Rotgelb. Alle Farben sind Lehmfarben, die in einer groben Struktur aufgebracht sind. Zusammen mit den Quadern soll dies zur „natürlichen Konzentration" führen. Der Baustoff „Lehm" greift das Regenbogenfenster, den Ölbaum und den Kasus des Krankseins auf: Man soll sich wie in einer Arche des „Geworfenseins in Krankheit" fühlen, ausgesetzt dem verborgenen Leben, aber auch auf Antwort, auf göttliche Resonanz und Hoffnung hin. Vielleicht „eingetaucht" in Raum und Zeit, um sich verwandeln zu lassen.

Zu guter Letzt entstanden in einem längeren Prozess die beiden **Kunstwerke** in den Teilräumen „Raum des Gedenkens" und „Raum der Stille". In diesen Teilräumen sollen zu einem die dort zu verortenden Themenquadern den Besuchern der Kapelle die Möglichkeit geben, zu sich und zu Gott zu kommen. Im „Raum der Stille" soll ein Quader Raum geben, Kerzen anzuzünden, und ein anderer, Steine als Zeichen der Belastung in Sand abzulegen. Ein Quader mit feinen Sand kann im Raum des Gedenkens animieren, seine eigenen Lebenslinien oder auch Worte einzuzeichnen, ein weiterer aus zwei aufeinander gestapelten Quadern bestehender „Quader-Ambo" bietet Platz für ein Buch, in dem Gebete, Bitte, Dank und Klage eingeschrieben werden können. Beide Teilräume sollen aber durch jeweils in der gegenüber liegenden Wand zu den Quadern angebrachten Kunstwerken in ihrem Charakter geprägt werden. Schon durch die Zusammenarbeit in zwei früheren Projekten fiel die Künstlerin Ulrike Weiss durch ihre sehr filigrane, plastische und berührende Art, Kunstwerke bevorzugt aus Stoff zu schaffen, auf. So wurde Fr. Weiss beauftragt, für diese beiden Teilräume Kunstwerke/Installationen zu kreieren. Vorgabe bzw. Idee war, im Raum der Stille Worte „anzubringen", die den Besucher Angebote machen, selbst sich in Worten widerzuspiegeln, zu finden oder abzustoßen und so selbst aus der Verstimmung in Krankheit wieder zu Wort zu kommen. Im Raum des Gedenkens sollten Gesichter abgebildet werden, die vom Leben gezeichnet Resonanz bieten, dass die Betrachter ihrem eigenen Lebens und seiner Geschichte auf die Spur kommen und ins Erinnern an Eigenes und Fremdes, Vergangenes und noch Prägendes geraten. Die Künstlerin griff diese Anregungen auf und entwickelte im Dialog mit der Krankenhausseelsorge und dem Theologischen Vorstand schließlich ihre Kunstwerke. Durch sieben Tüllstoffbahnen, die dicht hintereinander liegen und auf die jeweils das gleiche Wort bzw. das gleiche Gesicht gezeichnet ist, können die Kunstwerke sanft sprechend und durchsichtig werden für die, die sie betrachten. Beide Kunstwerke sind quadratisch an der Wand angebracht, nehmen also die Grundform des Raumes auf, bringen durch ihre Grundmate-rialität des Stoffes noch einmal eine andere Gestimmtheit in den Raum hinein und führen zart und offen, aber doch als bestimmte Anwesendes zum Gedenken und zur Stille. Dem Gesamtraum geben sie in ihrer Zurückgezogenheit eine stille, aber prägende Nuance zwischen Leichtigkeit und Schwere, zwischen Ein- und Aussicht, zwischen Regenbogen und Ölbaum.

Begrüßung im Foyer/Wort auf dem Weg

„Wir werden eingetaucht". So beginnt das Gedicht „Bitte" von Hilde Domin, das im gedanklichen Hintergrund stand, als wir die Kapelle umgebaut haben. Jetzt ist sie (fast) fertig. Wir werden gleich in ihren Raum eintauchen. Für eine Stunde. Wir sind aber unterwegs, aus unserem Leben, aus unserem Alltag, nachher wieder dort hinein. Jetzt werden wir unterbrochen, um die Kapelle zu beleben, das erstemal, sie so einzuweihen. Es braucht unsere bewussten Schritte im Unterwegssein, im Eingetauchtwerden, hin zur Kapelle. Und wir brauchen Gott auf diesem Weg, damit er auch auf die Kapelle zugeht und sie belebt, heute und alle Zeit, so wie einen jeden von uns. Singen wir auf unserem Weg in die Kapelle und nehmen dort dann, wo wir wollen, Platz:

„Geh mit uns auf unserem Weg."

Begrüßung im Gottesdienst

„ ...dass noch die Blätter der Rose am Boden / eine leuchtende Krone bilden".

Diese herausgebrochene Zeile aus dem Gedicht von Hilde Domin ist eine Bitte. Eine Bitte, die vielleicht gerade noch taugt, taugt, weil im Extremfall des Lebens Bitten zur Essenz werden und es um alles geht. Krankenhaus ist Extremfall des Lebens und es geht hier um alles. Und mitten da drin diese Bitte und dieser Kapellenraum, jetzt unser Gottesdienst.

Das Leben lässt die Blätter der Rose auf den Boden fallen, halb verwelkt, gerupftes Leben. Vielleicht mögen sich Menschen, die hierher kommen, so fühlen; sie mögen aber dann auch spüren, von Gott her erfahren: deine Lebens-Rosen-Blätter, seien sie noch so heruntergefallen auf erdigen Boden, bilden dort auf Gottes Schöpfungserde eine leuchtende Krone. Es braucht viel Imaginationskraft, viel gutes Zusprechen, viel Vertrauen, um diese so zu sehen. Es braucht Gott und eventuell diese Kapelle. Wir singen: „Da wohnt ein Sehnen tief in uns."

Innere Raumerkundung

Ein alter Kapellenraum, der umgebaut wurde, der das alte in sich tragend neu wurde. Ein Raum, in dem wir jetzt sitzen, singen, beten. Ein Raum mit verschiedenen Möglichkeiten, Wirklichkeiten, mit verschiedenen Räumen in sich vereint:

Zuerst beim Eingang der „Raum vom Kommen und Gehen", fast selbstverständlich: Menschen, wie wir heute, werden hier hineingehen, die Schwelle überschreiten, sich mitbringen; schwere Schritte, erleichterte, mit Kanülen, im Rollstuhl, todgeweiht, geheilt, vor und nach der OP, aus ihrem Leben hinein in diese Kapelle; eingetaucht mit den Wassern der Sintflut gewaschen.

Menschen versuchen sich im Leben zu orientieren, Halt und Fixpunkte zu finden, entlang zu gehen; hier im Krankenhaus muss sich Leben neu justieren lassen, teilweise und ganz, mechanisch, medizinisch und mit der Seele. Menschen werden sich hier in der Kapelle umsehen, sich orientieren, Schritte weiter wagen.

In einer Ecke Gesichter an der Wand. Solche wie unsere, und nicht solche. Gesichter spiegeln Geschichte, Geschichten, eigene, allgemeine, schmerzvolle, freudige, spiegeln gelebte Jahre und Tage wider; ein Buch mit Namen, das sind Menschen, die hier gestorben sind und geboren wurden, dazwischen ist irgendwie das Leben, auch meines, deines; der Wunsch verschont zu bleiben, sich einzuordnen, sein Leben unterzuschieben.

In der gegenüberliegenden Ecke Worte zu lesen, Worte, die hier im Haus schon gesagt wurden, gehört wurden, geschrieben auf Stoff, transparent, durchlässig auf die Menschen in den Worten, durchnässt bis auf die Herzhaut. Ein Raum zum Suchen von Worten und zum Finden, zum Klagen, zum Beten, zum Ablegen von Last, zum Licht Schöpfen, zum Bleiben zwischen all den Zeiten.

Dazwischen der Blick aus dem Fenster, der hellste Flächenpunkt im Raum. Menschen werden gezielt, flüchtig, kurz, lange ihren Blick nach draußen tun, wie werden sie schauen, mit welchen Gedanken? Ein Weg gestaltet ausgehend vom Kapellenfenster, geschlängelt, rechts und links vom Weg ist Leben randständig, kann entglitten sein. Mein Lebensweg? Im Blick der Olivenbaum, Urlaubsgefühle, Schöpfungsgefühle. Es taugt die Bitte, dass bei Sonnenaufgang die Taube den Zweig vom Ölbaum bringe. Weiß ich das? Werden das Menschen hier hoffen?

Zum Rausgehen müssen sich die Menschen dann wieder umdrehen. Ein paar Stühle in der Mitte, hinten in der Ecke ein Klavier, ein Quader mit Klangschale. Was klingt in mir, habe ich Kraft, etwas noch zum Klingen zu bringen, was ist in mir alles verklungen, Krankheit und Tod machen still, klanglos. Hier wird Klavier gespielt werden, Protestmusik gegen Stille und Tod und gegen Krankheit und Leiden. Es wird ein gefüllter Raum werden. Ein Wunsch nach Landschaft diesseits der Tränengrenze.

Nie wird der alleine sein, der gerade im Raum ist; hier wird Gottesdienst gefeiert werden, nicht so viele anwesende Menschen wie heute, weniger, aber sie werden dann Gottesvolk sein, königliche Priester, jene leuchtende Krone, vom Altar werden sie Brot und Wein bekommen, vom Ambo das Wort, das Seelen nährt, sie werden hören, verweilen, singen, schauen.

Unser Regenbogenfenster. Vom alten Kapellenraum in den neuen hinübergesetzt. Übersetzt. Dem Olivenbaum draußen drinnen gegenüber, das Leben ist immer zwischen draußen und drinnen, nie binär. Mit den Wassern der Sintflut gewaschen und aus der Flut immer heiler entlassen. Wunsch von uns für alle, alle hier heute und alle hier in Zukunft. In eigenen Sintfluten den Regenbogen sehen, geboren sehen, wissen, Zeichen der Dennoch-Liebe Gottes.

Ein Raum wie Blätter der Rose am Boden, viel Raum braucht es für eine Seele.

Fürbitten

Guter Gott,
wir danken dir für diesen Kapellenraum, seine Ausgestaltung, für die Atmosphäre, die er ermöglicht.

Wir bitten dich:
Für die Menschen, die in Zukunft diesen Raum betreten und sich in ihm aufhalten.
Lass sie „immer versehrter und immer heiler / stets von neuem / zu sich selbst / entlassen werden".

Guter Gott,
wir danken dir für all die Menschen, die unsere Kapelle durch Nachdenken, Planen, handfeste Arbeit und Spenden ermöglicht haben.

Wir bitten dich:
Für alles von Menschenhand Gemachtes, dass es den Menschen dient, dem Leben hilfreich ist und sich einfügen kann in das, was du für deine Welt und ihre Menschen im Sinn hast.
Dass alle Menschen „immer versehrter und immer heiler / stets von neuem / zu sich selbst / entlassen werden".

Guter Gott,
wir danken dir für unsere Einrichtungen, für
die Mitarbeitenden in allen Bereichen und auf
allen Ebenen.

Wir bitten dich:
Für all unsere Mitarbeitende: Erschließe du
ihnen diesen Raum als Kraftquelle, als Ort, in
den sie sich ab und zu zurückziehen können,
innehalten, sich und Gott begegnen.
Damit auch sie „immer versehrter und immer
heiler / stets von neuem / zu sich selbst / entlassen werden".

Erläuterung:

Bis zur Fertigstellung und „Einweihung" der Kapelle besaß sie kein Kreuz; nur auf dem Dach ist ein Kreuz angebracht. Im Innenraum sollte ein Kreuz auf jeden Fall präsent sein, es sollte aber bei dieser wichtigen theologischen und gestalterischen Frage abgewartet werden, wie der fertiggestellte Gesamtraum ist und wirkt, auf ihn „abgestimmt" sollte ein Kreuz dann überlegt werden.

Bedeutung des Kreuzes allgemein

Das Kreuz ist zum Symbol des Christentums geworden, weil sich das Christentum auf Jesus Christus gründet, sein Werk im Kreuz kulminiert und sein Tod und seine Auferstehung Grunddaten christlicher Existenz sind. Das Kreuz ist ein kirchliches und außerkirchliches Symbol und Zeichen. Es kann ganz verschiedene Orte und Ausformungen ein- und annehmen. Bleibend sind seine Grundform und die Möglichkeit des Rückbezugs auf das Kreuz Jesu. Dieser Rückbezug ist aber zu guten Teil ein Wahrnehmungs- und Interpretationsgeschehen, das beim Betrachter/Träger des jeweiligen Kreuzes liegt. Das Kreuz kann immer auch missbraucht werden. Im immer stärker werdenden Umfeld der Säkularisierung treten starke Ambivalenzen auf: Einerseits kann das Kreuz vollkommen seines eigentlichen Bedeutungsinhaltes entleert werden („Schmuckstück") und andererseits kann das Kreuz in bestimmten öffentlichen Kontexten als Zumutung und Bedrohung empfunden werden, seine Bedeutung wird aufgeladen und überspannt.

Das Kreuz Jesu ist zunächst ein historisches Faktum. Dass Jesus auf diese Weise hingerichtet wurde, ist eine hinreichend belegte historische Tatsache. Insofern ist das Kreuz ein Mittel, um Menschen zur damaligen Zeit öffentlich und möglichst abschreckend und gewaltsam hinzurichten. Die Evangelien haben im Kreuz die Sendung Jesu sich zuspitzen und vollenden sehen, sie laufen alle auf die Passionsgeschichte und den Tod Jesu am Kreuz zu. Die frühen Christen nehmen dies auf und sehen im Tod Jesu ihren Glauben begründet. So auch Paulus mit dem grundlegenden, schon vor ihm als Glaubensessenz formulierten Bekenntnis: Er ist für uns gestorben und er ist für uns auferweckt worden. Die Bedeutung des Kreuzestodes Jesu wird entfaltet, indem diesem Tod eine Wirkung für das Verhältnis Gottes zu den Menschen zugesprochen wird. Im als Sühnetod und stellvertretenden Tod verstandenen Kreuzestod Jesu erleidet Jesus unsere Sünden, vergibt Gott den Menschen diese, überwindet die von Menschen aus provozierte Trennung zu ihm und erneuert dadurch seinen Liebesbund mit ihnen. Das Kreuz wird zum Ort der wiederhergestellten Gottesbeziehung. Dazu tritt die Auferstehung Jesu, die verstanden wird als rettendes Eingreifen Gottes, die Rechtfertigung der Liebe, den Sieg über den Tod und die Verherrlichung Jesu. Der Gekreuzigte ist zugleich der Auferstandene und so erhält das Kreuz auch Züge des Auferstehungsgeschehens: Das Kreuz wird als Sieg verstanden, als Vollendung der Liebe. Ostern wird zum Grunddatum christlichen Lebens. Es wird der verherrlichte Christus am Kreuz dargestellt, entrückt, segnend. Daneben tritt die in der Geschichte des Christentums immer wieder wichtige Deutung des Todes Jesu als entweder Infragestellung Gottes (Theodizee) oder als Ort der mitleidenden Liebe Gottes.

Insgesamt ist bei Abbildungen des Kreuzes Jesu als Plastik oder als Bild die eben gesagte theologische bzw. dem christlichen Glauben inhärente Deutung mit zu sehen. Das Symbol „Kreuz Jesu" hat damit performativen Charakter. Beim Betrachten soll es von sich aus in das Hineinführen, was es zeigt. Hier gleicht es dem Wort Gottes, das die Wirklichkeit konstituiert (verheißt), von der es spricht. Es wird also nicht ein Kreuz betrachtet, sondern das Kreuz will im Betrachter das hervorrufen, was es zeigt/zeigen soll. Das Kreuz hat aber keine magische Wirkung, als ob man es nur betrachten müsste und schon würde es wirken, sondern es entfaltet seine Verheißung dort, wo es auf den Glauben trifft, der mehr wahrnimmt, als er gerade sieht, der sich darauf verlässt, dass Gott ihm im Kreuz mit offenen Armen entgegen kommt.

Konkret soll das Kreuz (ein Kreuz) in der frisch renovierten Kapelle des Diakoniekrankenhauses angebracht werden und einwohnen. Die Bedeutung, die das Kreuz dort im obigen Sinne entfalten kann und soll, ist in Beziehung zu dem, wie der Kapellenraum an sich wirkt. Das ist später im Blick auf Ort und Gestaltung des Kreuzes wichtig. Dabei ist eine doppelte Relativierung ebenso mitzudenken: Zum einem schauen nicht alle auf das Kreuz oder andersherum: Das Kreuz muss nicht allein die Last tragen, den Kapellenbesuchern Gottes Nähe zu schenken. Zum anderen ist der Raum durch seine Raumordnung schon klar christlich. Das Kreuz muss also nicht erst die Christlichkeit des Raumes garantieren, sondern kann dazu ein wesentlicher Beitrag sein bzw. seinen originären Bedeutungsgehalt liefern.

Ein kleiner Exkurs zu den beiden Symbolen Regenbogenfenster und Kreuz. Das Regenbogenfenster ist ein Hoffnungsfenster: Die Flut ist vergangen, der Regenbogen steht am Himmel. Gott hält nach der Sintflut fest an seinem Bund mit den Menschen. Zeichen dafür ist die aufgehende Sonne. In Jesus Christus erneuert Gott den Bund mit seiner Menschheit in universaler und absoluter Bedeutung. Dafür ist das Kreuz Ort und Symbol. Die Bundeserneuerung geschieht hier in der Sprache der Tradition in der sühnenden Wirkung des Kreuzestodes. Insofern hätten wir, wenn wir das Kreuz an dieser zentralen Wand verorten würden, zwei stark sprechende „Bundessymbole" an einer Wand, das eine ist (theologisch bzw. christliche gesprochen) die Erneuerung und damit auch die Relativierung des Anderen. Dies müsste auch gestalterisch zum Ausdruck kommen.

Bedeutung des Kreuzes im Krankenhaus/ für/bei kranken Menschen

Bei Kreuzesdarstellungen ist wie oben gesagt und wie bei aller ästhetischen Erfahrung beides zu beachten: Das Kreuz trägt seine Bedeutung in sich und aus sich heraus (performativ) und diejenigen, die das Kreuz sehen und betrachten, legen dem Kreuz ihre (subjektive) Bedeutung bei. Theologisch gesprochen soll dieses Wahrnehmungsgeschehen darin aufgehen, dass Menschen sich von Gott wahrgenommen spüren und sehen und zur Wahrnehmung Gottes kommen. Dabei erschließt ein Kreuz die oben angeführten Wahrnehmungsinhalte Gottes.

Diese Wahrnehmungsgehalte kondensieren am Kreuz immer und in Gänze. Das Kreuz lässt sich nicht in seiner Bedeutung und Interpretation „aufteilen", so dass bestimmte Personen bzw. spezifische Gruppen von Menschen eines besonderen Kreuzes bedürften. Das Kreuz in seiner Bedeutung ist immer dasselbe, verschieden ist die Wahrnehmung, die Menschen in Betrachtung des Kreuzes sozusagen mitbringen und in deren spezifischen Ausprägung sie das Kreuz betrachten. Aus dieser Überlegung könnte eine Antwort auf die Frage erwachsen, wie kranke Menschen das Kreuz wahrnehmen und welche Erfahrungen sie machen könnten.

Zur näheren Beschreibung sind Anleihen bei Beobachtungen und Reflexionen auf die „Wirkung" des leiblich spürbaren Kreuzeszeichens zu machen. Dazu das vielleicht weiterführende Zitat: „Wenn im Segen mit dem Zeichen des Kreuzes unbedingte Anerkennung zugesprochen wird, gilt das mithin nicht dem heilen, Restituierten, sondern – gegen den Augenschein – dem Versehrten. Inszeniert ist dabei nicht die Abwesenheit von jetziger Teilhabe am Leiden und künftiger Teilhabe an der verheißenen Herrlichkeit, sondern die schroffe kontrafaktische Gleichzeitigkeit der Erfahrung, von Krankheit gezeichnet zu sein, und des Zuspruchs unbedingter Anerkennung" (Thorsten Moos: Krankheitserfahrung und Religion, Tübingen 2018, S. 316).

Bei der Gestaltung des Kreuzes im Kontext von Krankheit geht es wohl darum, mit dem Kreuz diese „schroffe kontrafaktische Gleichzeitigkeit" zu erleben bzw. zu inszenieren. Damit es so „am Kreuz" zur gleichzeitigen Wahrnehmung von zwei auseinanderstrebenden Erfahrungen kommen kann: Einerseits der Erfahrung/des Erlebens, dass die Krankheit mich verletzt und verwundet, ich von ihr erniedrigt werde, und gleichzeitig andererseits der Erfahrung/des Erlebens, dass ich gerade in diesem Moment von EINEM unbedingt gesehen, angenommen, geborgen, geliebt bin und von IHM anerkannt erhöht werde.

Dabei werden „am Kreuz" eigene Krankheits- und Leidenserfahrung und christologische Motive aufeinander bezogen und das Kreuz kann seine Potentialität im oben genannten Sinne entfalten. Es kann geschehen, was im Krankheitsfall von Gott aus Menschen widerfahren soll: Das eigene Leiden und dessen das Leben bemächtigende Desintegration wird wahrgenommen und gleichzeitig integriert in eine Perspektive, die über die erfahrene und erlittene Krankheit hinausführt. Das als sehr brüchig und verletzlich erfahrene Leben wird nun als geborgen erfahren, die fragmentarische Lebensgeschichte, die durch die Krankheit einen Bruch erfährt, wird im Horizont Gottes rekonstruiert, ohne Krankheit als Wirklichkeit und erlittene Erfahrung zu negieren oder „zu überspringen".

Erfahrungsleitend ist die Inversion von Erniedrigung und Erhöhung, wie sie auch Christus erfahren hat (vgl. Philipper 2), wie sie seine Jünger in der Begegnung mit dem auferstandenen Gekreuzigten am eigenen Leib auch erfahren haben (vgl. Johannes 20) und wie sie kranke Menschen „am Kreuz" erfahren können.

Ableitung von Gestaltungsmöglichkeiten für ein Kreuz in der Kapelle

Für die Gestaltung des Kreuzes rückt (wenn man obigen folgt) die Gestaltung der kontrafaktischen Gleichzeitigkeit von Erniedrigung und Erhöhung als Aufgabe in den Mittelpunkt.

Bevor den einzelnen Momenten, die aus dieser Gestaltungsgrundlinie sich ergeben, nachgegangen wird, ist zu fragen, ob das Kreuz sozusagen an jedem Platz in der Kapelle seinen Ort finden könnte. Die Antwort auf diese erste Gestaltungsfrage hängt mit der Gesamtausrichtung des Raumes zusammen. Dabei sind zwei „Verwendungsweisen" des Raumes zu unterscheiden: Zum einem die liturgische/ gottesdienstliche und zum anderen die als frei genutzter Raum. Im zweiten Fall kann theoretisch das Kreuz überall stehen. Im ersten Fall ist es dem liturgischen Geschehen zuzuordnen. Hierzu gibt der „Liturgische Wegweiser" der Landeskirche (Ziffer 20) in Baden einen wichtigen Hinweis: „Das Kreuz im Altarraum, mit oder ohne Korpus, weist die Gemeinde auf das Heilsgeschehen in Jesus Christus hin. Als zentrales Symbol der Christenheit steht es als kleineres Standkreuz auf dem Altar, als größeres hinter dem Altar oder seitlich davon. Es kann auch als Wand- oder Triumphkreuz im Altarraum hängen. Eine Häufung von Kreuzen in einem Kirchenraum sollte vermieden werden" (Ziff. 20). Der Ort des (einen) Kreuzes ist der Altarraum, also der Ort, von dem aus der Gottesdienst gefeiert wird und in dessen Richtung die Gemeinde schaut. Dies entspricht, dass sich der Liturg zu Beginn des Gottesdienstes (und bei Betreten des Altarraumes) vor dem Kreuz kurz verneigt. Für die Gemeinde soll das Kreuz erkennbare Ausrichtung sein und Gottes Gegenüber symbolisieren. Diese Erkennbarkeit und Ausrichtung ist im Blick auf die erwähnte zweite Verwendungsweise des Kapellenraumes anders zu gestalten. Mit Absicht soll der Besucher die Kapelle als Ganze und in ihren einzelnen Teilen begehen und dort verweilen, wo er vielleicht Gottes Nähe am stärksten verspürt. Dies mag dann indifferent zum Kreuz sein. Der Besucher mag das Kreuz vor sich oder seitwärts oder im Rücken haben. Vielleicht nimmt er es auch gar nicht wahr. Diese Zugangsweise zum Kreuz entspricht wohl eher auch eine zurückgenommenere Verortung und Gestaltung des Kreuzes, in Respekt vor der Suchbewegung des Besuchers. Es muss aber gleichzeitig gewährleistet sein, dass eine explizite Zuwendung zum Kreuz auch dem „freien" Besucher möglich ist. Eine über diese hinausgehende extrapolierte Verortung des Kreuzes würde den Raum eine „Überschrift" geben, die weniger aus ihm kommt, als von außen dazu tritt.

Nun zu den einzelnen Motiven der oben aus dem Zitat gewonnenen „Gestaltungsgrundlinie". Dem Moment der Gleichzeitigkeit könnte dadurch Rechnung getragen werden, dass das Kreuz in einem „Augenblick" wahrgenommen werden kann. Es sollte so ins Auge fallen, dass Erniedrigung und Erhöhung als ein gemeinsamer (gleichzeitiger) Moment/ Akt wahrgenommen werden könnte. Da die Kapelle in Relation zur faktischen menschlichen Größe gesehen insgesamt relativ klein ist, dürfte das Kreuz nicht allzu groß werden. Da aber der Raum der Kapelle als relativ weit empfunden wird, wird darauf zu achten sein, dass das Kreuz nicht zu klein erscheint.

Spannend ist die Frage, wie das Kontrafaktische gestaltet werden könnte. Das Kontrafaktische ist schon in der reinen Kreuzform angelegt: Horizontale und Vertikale treffen aufeinander. Durch die klare Raumstruktur der Kapelle wird aber diese Grundform ihrer kontrafaktischen Kraft sozusagen beraubt (wohl anders als wenn ein Kreuz in Feld und Flur steht). Denn der Raum ist sehr klar in rechte Winkel und Rechtecke gegliedert. Das Aufeinandertreffen von horizontalen und vertikalen Linien gibt dem Raum sein Gepräge. Ein „normales" Kreuz fügt sich hier sehr stark ein und kann seine eigentliche kontrafaktische Kraft kaum für den Wahrnehmenden entfalten. Da man aber das Kreuz in seiner Grundform beibehalten muss, ist das Kontrafaktische

„an ihm" nur über andere Wege zu gestalten. Dies könnte auf zwei Arten geschehen. 1. Das Kreuz müsste kontrafaktisch zum Gesamtraum erscheinen, entweder im Blick auf seinen Ort im Raum oder/und im Blick auf seine Materialität. 2. Das Kreuz müsste kontrafaktisch im Blick auf das Aufeinandertreffen seiner Vertikalen und Horizontalen sein.

Zuletzt zu dem (gleichzeitig kontrafaktischen) Moment von Erniedrigung und Erhöhung. Dazu zwei Beobachtungen: Im Blick auf den Betrachter müsste das Kreuz sozusagen eine innere Bewegung des gleichzeitigen Niederblickens und des Aufblickens an einem „Objekt", dem Kreuz, ermöglichen. Dies legt nahe, dass das Kreuz eher auf Augenhöhe zu sehen ist und zwar auch so, dass es zuerst einen Niederblicken ermöglicht (Blick geht nach unten) und dann ein Aufblicken (Blick geht dann wieder von unten nach oben). Ein für den Betrachter zu hoch hängendes Kreuz lässt den erniedrigenden Blick weg vom Kreuz führen, endet also woanders als beim Kreuz; ein zu niedrig angebrachtes Kreuz hat den umgekehrten Effekt, der Blick gerät nach oben aus dem Möglichkeitsraum des Kreuzes.

Eine weitere Überlegung: Der Blick der Erniedrigung und Erhöhung oder anders gesprochen von Verwundbarkeit und Anerkennung braucht einen Haftpunkt am Kreuz, der Betrachter muss den erniedrigenden Moment am Kreuz erkennen und erfahren können, genauso den erhöhenden. Der Blick des Betrachters haftet dann wohl am Objekt „Kreuz", wenn Erhöhung und Erniedrigung genau dort „angesprochen" werden. Wie oben gesagt, kann dies im Raum der Kapelle durch die reine Kreuzform kaum gelingen. Auch nicht, wenn das Kreuz in seiner äußeren Form zu „glatt" ist für den Blick, also der Blick auf das Kreuz sich in die anderen Blickmöglichkeiten im Raum nur einfügt oder nur davon herkommt. Das Motiv „Erhöhung / Erniedrigung" ist kein stark evoziertes Thema im Kapellenraum. Es sind eher „gleichförmige" Blickmuster, die nahegelegt werden. Es wäre zu folgern, dass das Kreuz dann mehr zum Blickpunkt für die Erfahrung von Erniedrigung und Erhöhung wird, wenn diese Momente deutlich stärker in ihrer Form erkennbar und erfahrbar wären. Entweder durch die Zuordnung der Horizontalen und Vertikalen oder durch die Ausformung des Materials oder durch das Material an sich. Das haben auch die Überlegungen zum Kontrafaktischen nahegelegt. Aufgrund der hohen Bedeutung des Körpers im Krankenhaus würde es sich auch nahelegen, dass am Kreuz etwas Körperhaftes sichtbar wird, vielleicht derart, dass Erniedrigung und Erhöhung sich daran ablesen lassen, eventuell nicht nur im Blick auf den einen Körper Jesu, der am Kreuz hing, sondern auch in Blick auf die Körpern, die an ihrem Lebens-Kreuz in Krankheit Erniedrigung und Erhöhung erfahren. So könnte zum Beispiel das Kreuz einen (angedeuteten) menschlichen Körper zeigen, der unter das Kreuz erniedrigt ist, aber gleichzeitig und kontrafaktisch am Kreuz erhöht wird.

Ein Versuch der Zusammenschau: Wenn man die eben ausgeführten Punkte zusammennimmt, so könnte das Kreuz gestalterisch wie folgt „aussehen": Ein mittelgroßes Kreuz im Altarraum, das „uneben" körperhaft ist und aus einem Material besteht, das sich deutlich von der Materialität der Kapelle unterscheidet. Aus dem Gedanken weisenden Zitat wurde ein wichtiges Wort noch nicht weiter gestalterisch bedacht. Es ist das Wort „schroff". Zwischen Kreuz und Umgebung soll ein Verhältnis der Unvermitteltheit bestehen. Das Kreuz steht/liegt/hängt unvermittelt dort, wo es ist, und ermöglicht so, dass kranke Menschen sich erkannt fühlen in ihrer Krankheit, aber auch als geborgen wahrgenommen von Gott. Im gewissen Sinne geht es um eine Art gestalterische „Beziehungslosigkeit" eines körperhaften Kreuzes im Kapellenraum, das zwar im Raum dem Raum anhaftet, aber diesen transzendiert sowohl im Blick auf das unermessliche Leiden, als auch im Blick auf die ungeheuerliche Anwesenheit Gottes selbst im tiefsten Leiden. So könnte eines der ersten christologischen Bekenntnis der frühsten Christenheit für die Besucher der Kapelle als eigene Erfahrungsmöglichkeit inszeniert wer-

den: „Er erniedrigte sich selbst und ward gehorsam bis zum Tode, ja zum Tode am Kreuz. Darum hat ihn auch Gott erhöht und hat ihm den Namen gegeben, der über alle Namen ist" (Philipper 2, 8+9).

Gott geschieht. Da, wo Gott geschieht, ereignet sich christliche Existenz, deren Augenblickhaftigkeit durch Gott auch zum „roten Faden" einer in sich brüchigen, aber von Gott gehaltenen Biografie wird. In der Verknüpfung, im Verweben gewinnt im Leben der Menschen Gott Gestalt. Die Form dieser Gestalt ist Christus. Menschen, die dieses Gottesgeschehen für sich wahrnehmen, üben sich in einer bestimmten Form des Lebens. In ihr antworten sie darauf, dass sie von Gott selbst wahrgenommen sind. Diese Antwort, herkömmlich als Religion oder Glauben benannt, kann aber auch als Lebenskunst beschrieben werden.

Lebenskunst meint nun im Falle der Antwort auf das Gottesgeschehen den menschlichen Versuch, seinem Leben eine Gestalt zu geben, an der sich eben diese Antwort ablesen und sich selbst wiederum wahrnehmen lässt. Bei dieser „Lebenskunst" geht es um die aufleuchtende und freimachende Erschließung und Deutung seines Lebens als Gottes Wirklichkeit. Dies ist ein Transformations- und Bildungsprozess, ein Geschehen Gottes am Menschen, eine fortlaufende Wahrnehmung der Wahrnehmung Gottes. Für Christen geschieht Gott sozusagen in Form von Jesus Christus. Er ist der „Inhalt" Gottes, Christus die Gestalt- und Fleischwerdung, Verkörperung Gottes: Gottes Angesicht trägt die Züge Jesu Christi. Er wird uns vor Augen gemalt. Lebenskunst heißt, ihm nachzufolgen, seine göttliche Wirklichkeit sich stilvoll anzueignen. Glauben heißt ihm sich anzuvertrauen und in sein Bild verwandelt zu werden.

Die Lebenskunst Christi ist also vorgezeichnet und sie ist die gehaltvolle Form, wie menschliches Leben durch Gnadenpunkte, dass Gott ihnen geschieht, so verknüpft wird, dass ein „christliches" Leben, ein Christusleben sich verwirklicht. Die Lebenskunst Christi ist dabei zugleich zeitgebunden durch die eine Gestalt Jesu Christi um die Stunde Null als auch durch die durch die Zeiten hindurch sich verwirklichenden Anverwandlungen Christi in das Leben von Menschen. In all diesen ist Christus

„abzulesen" und präsent. Erst ganz am Ende aller Zeiten wird für alle und überall sichtbar, was sich herausgebildet hat, es ist aber schon im vertrauenden Vorschuss als gegenwärtig zu glauben. Es wäre ein lohnendes Unterfangen, diese Lebenskunst Christi vom Zeugnis des Neuen Testaments ausgehend diachron in der Geschichte der Nachfolger Christi bis auf den heutigen Tag seiner Verwirklichung in Orten des Glaubens nachzuzeichnen. Es wären an der Gestalt des fleischgewordenen Christus Lebensbewegungen abzulesen, die diese Lebenskunst beschreiben. Es wäre von bestimmten Bewegungskategorien zu reden: Von Sich-Verlassen, Beugen, Hinknien, Zuwenden, Aufgehen. Um nur einige und vorläufige zu nennen. In ihnen zeichnet sich Christus ab.

Zum Schluss ist zum Anfang zurückzukehren, zum Versuch einer diakonischen Theologie, einer diakonischen Christologie. Im Vorhergehenden ist beschrieben, dass räumlich die Kapelle und zeitlich die dort stattfindenden Angebote Raum sein können, wo Gott sich mit dem menschlichen Leben gerade in seiner im Krankenhaus sich ereignenden Desintegration verknüpft und er heilsam erfahrbar wird. Oder mit dem eben zur Lebenskunst gesagten: Christus gewinnt als Diakon Gottes Gestalt und es kann sich auf's Neue realisieren, was schon zu Lebzeiten durch ihn geschah: „Lahme gehen, Aussätzige werden rein und Taube hören, Tote stehen auf und Armen wird das Evangelium gepredigt" (Matthäus 11, 5). Desintegriertes, brüchiges und durch eine schneidende Krise erfahrenes Leben wird heilsam verbunden, im doppelten Sinn: Seine Wunden werden verbunden und es wird mit sich selbst und dem, der das Leben ist, verbunden. Die Lebenskunst Christi besteht darin, dass Christus es gelang bzw. gelingt, in allen Lebenslagen, auch und gerade in den dunkelsten sich von Gott so wahrzunehmen, dass er - um Worten von Hans Dieter Hüsch aufzugreifen - sagen kann: „Ich bin vergnügt, erlöst, befreit." Das schenkt der Glauben an Christus, dass dies Menschen als Form der eigenen Lebenskunst in der Wahrnehmung des eigenen Lebens auch sagen und darauf vertrauen können: „Ich bin vergnügt, erlöst, befreit". Diese Selbstwahrnehmung wird gewonnen aus der Christus nachfolgenden Lebenskunst und ermöglicht, ein anderes Leben mit dem, was Leben „krank" macht. Diese Lebenskunst ist zentral auch von einer aus der Rechtfertigung erwachsenen Gelassenheit.

Das **Evangelische Diakoniekrankenhaus** Freiburg ist mit seinen insgesamt 175 Planbetten, 900 Mitarbeitenden und 13500 Patienten im Jahr ein Krankenhaus mittlerer Größe. Es werden die Fachabteilungen Chirurgie, Gynäkologie und Geburtshilfe, Innere Medizin sowie Anästhesiologie und Intensivmedizin vorgehalten. Das Evangelische Diakoniekrankenhaus ist 1898 hervorgegangen aus der Gründung einer Diakonissenschwesternschaft und dem so entstandenen Freiburger Diakonissenhaus in Freiburg-Herdern, in dem heute noch drei Diakonissen leben. Seit 1981 hat das Krankenhaus seinen Standort in Freiburg-Landwasser. Dort ist es Teil des altrechtlichen Vereins mit gleichen Namen, der Gesamtträger noch zwei weiterer Einrichtungen ist: des Pflegezentrums Landwasser (einer gerontopsychiatrischen Pflegeeinrichtung mit 108 Plätzen) und des Haus Landwasser (einer Rehabilitationseinrichtung für psychisch erkrankte junge Menschen mit 53 Plätzen).

An der konzeptionellen und baulichen Entwicklung der Kapelle hat in regelmäßigen Sitzungen der sogenannte „**Bau-Jour fixe**" des Krankenhauses mitgearbeitet. Dieser Kreis bestand aus dem kaufmännischen Direktor Hr. Michael Decker, dem Pflegedirektor Hr. Matthias Jenny, dem Leiter des Technischen Betriebs im Krankenhaus Hr. Rolf Stöhr, den beiden Architekten des Architekturbüros Dietzig, Lörrach, Hr. Paul-Heinz Dietzig und Hr.

Martin Eder, der Inhaberin des „Büro für innovative Projekte im Gesundheitswesen" Fr. Isabel Krutzki, dem Inhaber des „Planungsbüro Sütterlin + Partner GbR" Hr. Felix Jäger. Ihnen allen sei an dieser Stelle ganz herzlich gedankt, sowie auch allen verschiedenen ausführenden Fachfirmen. Ganz zu Beginn und gegen Ende des Entwicklungsprozesses wurde der Kapellenumbau durch die beiden Architekten in der Abteilung „Kirchenbau und Kunst" des Evangelischen Oberkirchenrates in Karlsruhe Hr. Jürgen Schlechtendahl und Fr. Ulrike Hautau begleitet.

Für den Bau und die Ausstattung der Kapelle gab es **Spender**. Diese waren: Hr. Paul-Heinz Dietzig, der den bemerkenswerten Olivenbaum im Blickfang des Fensters der Kapelle gespendet hat, sowie: Die Freie christliche Schule Freiburg, der „Versicherer im Raum der Kirchen", die Deutsche Bank, das „Büro für innovative Projekte im Gesundheitswesen", das Bauunternehmen Löffler, Heinrich und Rita Langenfeld, die Werbeagentur Aufwind, die Bank im Bistum Essen, Dr. Roland Fresle, die Klinik 2000, die Fa. Environ und die Volksbank Freiburg. Ein wesentlicher Zuschuss kam zudem von der Evangelischen Landeskirche in Baden. Allen, die sich finanziell für die Kapelle eingesetzt haben, sei Dank ausgesprochen, nicht zuletzt dem Vorstand und dem Kuratorium des Diakoniekrankenhauses, die die nötigen Gelder für den

Umbau in Höhe von rund einer halben Million Euro beschlossen und verantwortet haben.

In der Kapelle befinden sich drei **Kunstwerke**. Die beiden Wandinstallationen (im Raum des Gedenkens die Installation mit Gesichtern und im Raum der Stille die Installation mit Worten) hat die Freiburger Künstlerin Ulrike Weiss gestaltet. Das sakrale Fenster, das einen Regenbogen zeigt, stammt noch aus der Vorgängerkapelle und wurde von der Freiburger Werkstätte für Glaskunst, Fa. Isele, St. Georgen, auf der Grundlage eines Entwurfs, den Bildhauer- und Drechselmeister Gerhart Rieber aus Jestetten, vorgelegt hatte, gefertigt. Die Prinzipalstücke des Gottesdienstraumes hat Architekt Martin Eder entworfen und wurden von der Fa. Holzmanufaktur Lorenz aus Kirchzarten hergestellt. Das Klavier stammt vom Klavierhaus Hess in Malterdingen, und die Glocke von der Glockengießerei Grassmayr, Innsbruck. Das Kreuz auf dem Dach der Kapelle hat der Architekt Martin Eder entworfen und die Fa. Stahl- und Metallbau Winterhalter, Freiburg, hergestellt.

Den **Gottesdienst** zur Indienstnahme der Kapelle („Einweihung") am 19. Oktober 2018 haben mitgestaltet: Der Dekan des Evangelischen Kirchenbezirks Freiburg Markus Engelhardt, der Prälat des Kirchenkreises Nordbaden der Evangelischen Landeskirche in Baden und Vorsitzender des Kuratoriums des Diakoniekrankenhauses Prof. Dr. Traugott Schächtele, der Oberkirchenrat und Vorstandsvorsitzende des Diakonischen Werkes in Baden Urs Keller, die Vorstände Michael Decker, Martin Gutmüller, Matthias Jenny, die Krankenhausseelsorgerin Dorothee Meyer-Mybes, die Stationsleitung Edith Rebmann und als Musiker Steffen Jahnke am Klavier und Caspar Löffler an der Klarinette.

Die Animationen und **Abbildungen** auf den Seiten 20, 21, 26 und 40 stammen vom Architekturbüro Dietzig, Lörrach. Alle anderen Skizzen und Fotos vom Verfasser selbst.

*Aus Gründen der besseren Lesbarkeit wird in diesem Werkbuch bei Personenbezeichnungen und personenbezogenen Hauptwörtern die männliche Form verwendet. Entsprechende Begriffe gelten im Sinne der Gleichbehandlung grundsätzlich **für alle Geschlechter**. Die verkürzte Sprachform hat nur redaktionelle Gründe und beinhaltet keine Wertung.*

Die Gedanken der Autoren folgender Bücher haben mich bei der Entwicklung meiner Gedanken inspiriert und geprägt:

Allgemein

Dietrich Bonhoeffer: Widerstand und Ergebung, Werkausgabe, Band 8, Briefe und Aufzeichnungen aus der Haft, hg. von Christian Gremmels, Eberhard Bethge und Renate Bethge in Zusammenarbeit mit Ilse Tödt, Gütersloh 1998.

Du bist mir täglich nahe - Rummelsberger Brevier, herausgegeben von Helmut Millauer in Zusammenarbeit mit Helmut Bomhard; im Auftrag des Brüderrates der Rummelsberger Brüderschaft; Beiträge: Fritz Blanz; Zeichnungen: Angelika Millauer, Neuendettelsau, 1990.

Hilde Domin: Gesammelte Gedichte, Frankfurt am Main 1987.

Theologie, Diakonie und Krankheit

Tobias Braune-Krickau: Religion und Anerkennung. Ein Versuch über Diakonie als Ort religiöser Erfahrung (Praktische Theologie in Geschichte und Gegenwart 17), Tübingen 2015.

Ingolf U. Dalferth: Gedeutete Gegenwart. Zur Wahrnehmung Gottes in den Erfahrungen der Zeit, Tübingen 1997.

Ingolf U. Dalferth: Evangelische Theologie als Interpretationspraxis. Eine systematische Orientierung, Leipzig 2004.

Herbert Haslinger: Diakonie. Grundlagen für die soziale Arbeit der Kirche, Paderborn 2009.

Beate Hofmann: Diakonische Unternehmenskultur. Handbuch für Führungskräfte, 2., durchgesehene und aktualisierte Auflage Stuttgart 2010.

Catherine Keller: Über das Geheimnis. Gott erkennen im Werden der Welt. Eine Prozesstheologie, Freiburg 2013.

Thorsten Moos: Krankheitserfahrung und Religion, Tübingen 2018.

Wolfhart Pannenberg: Systematische Theologie (3 Bände), Göttingen 1988-1993.

Ina Praetorius: Gott dazwischen. Eine unfertige Theologie, Ostfildern 2008.

Joachim Reber: Christlich-spirituelle Unternehmenskultur, Stuttgart 2013.

Heinz Rügger, Christoph Sigrist: Diakonie - eine Einführung. Zur theologischen Begründung helfenden Handelns, Zürich 2011.

Clemens Sedmak: Mensch bleiben im Krankenhaus. Zwischen Alltag und Ausnahmesituation. Unter Mitarbeit von Gunter Graf und Gottfried Schweiger, Wien u.a. 2013.

Jürgen Ziemer: Andere im Blick. Diakonie, Seelsorge, Mission, Leipzig 2015.

Kirchenraum und Ästhetik

Gernot Böhme: Atmosphären. Essays zur neuen Ästhetik, Frankfurt 1997.

Christliche Lebenskunst, hg. von Peter Bubmann und Bernhard Sill, Regensburg 2008.

Thomas Erne: Hybride Räume der Transzendenz. Wozu wir heute noch Kirchen brauchen, Leipzig 2017.

Gottes neue Häuser. Kirchenbau des 21. Jahrhunderts in Deutschland, hg. von Matthias Ludwig und Reinhard Mawick, Frankfurt 2007.

Nikolaus Koliusis: Raum der Stille. Dokumentation eines Arbeitsprozesses. Methapern und Recherchen, hg. von Stefan Nägele, Stuttgart 2015.

Wolfgang Meisenheimer: Das Denken des Leibes und der architektonische Raum, Köln 2004.

Modelfallmatthäus. Dem Glauben Raum geben – Neue Wege im Umgang mit sakralen Räumen, hg. von Dirk Bayer, Thomas Erne, Ulrich Gräf, Angela Lempelius, Hamburg 2006.

Protestantische Räume im Wandeln der Zeit. 12 Kirchen in Baden, hg. von der Evangelischen Stiftung Pflege Schönau, Heidelberg 2017.

Klaus Raschzok: Die Sprache des Kirchenraumes, Vortrag beim Treffen der Kirchbauvereine der Evangelischen Kirche in Mitteldeutschland am 29.5.2010 im Augustinerkloster Gotha und am 19.6.2010 in der Theologischen Fakultät Halle (Saale).

Räume riskieren: Reflexionen, Gestaltungen und Theorie in evangelischer Perspektive (Kirche in der Stadt Band 11, hg. von Friedrich Brandi-Hinrichs, Annegret Reitz-Dinse und Wolfgang Grünberg), Berlin 2010.

Open Space. Räume religiöser und spirituelle Vielfalt, hg. von Thomas Erne, Peter Noss, Christian Bracht (KBI 10), Kromsdorf/Weimar 2016.

Christoph Sigrist: KirchenDiakonieRaum. Untersuchungen zu einer diakonischen Nutzung von Kirchenräumen, Zürich 2014.

Kapelle 2004-2008, hg. von Susanne Thun, Österreich 2008.

Wolfgang Welch: Ästhetisches Denken, Stuttgart 5. Auflage 1998.

Praktische Theologie, Kirche und Gottesdienst

Andrea Bieler und Luise Schottroff: Das Abendmahl. Essen, um zu leben, Gütersloh 2007.

Christian Grethlein: Christsein als Lebensform. Eine Studie zur Grundlegung der Praktischen Theologie, Leipzig 2018.

Albrecht Grözinger: Praktische Theologie als Kunst der Wahrnehmung, Gütersloh 1995.

Wolfgang Grünberg: Die Sprache der Stadt. Skizzen zur Großstadtkirche, Leipzig 2004.

Jan Hermelink: Kirchliche Organisation und das Jenseits des Glaubens. Eine praktisch-theologische Theorie der evangelischen Kirche, Gütersloh 2011.

Leben aus der Quelle 2.0. Gottesdienstkonzeption für die Evangelische Landeskirche in Baden 2017, hg. von der Liturgischen Kommission der Evangelischen Landeskirche in Baden, Redaktion: Ulrike Beichert, Dr. Matthias Kreplin, Karlsruhe 2018.

Liturgischer Wegweiser für die Evangelische Landeskirche in Baden, hg. vom Evangelischen Oberkirchenrat, Karlsruhe 2008.

Martin Nicol: Weg im Geheimnis. Plädoyer für den Evangelischen Gottesdienst, Göttingen 2009.

Rainer Preul: Kirchentheorie. Wesen, Gestalt und Funktionen der Evangelischen Kirche, Berlin 1997.

Michael Schüßler: Liquid church als Ereignis-Ekklesiologie. Über Verflüssigungsprozesse in Leben, Lehre und Kirche, in: Zeitschrift für Pastoraltheologie 34/2 (2014), S.25-43.

Michael Schüßler: Mit Gott neu beginnen. Die Zeitdimension von Theologie und Kirche in ereignisbasierter Gesellschaft (Praktische Theologie heute, Bd. 134), Stuttgart 2013.

Anne M. Steinmeier: Schöpfungsräume. Auf dem Weg einer praktischen Theologie als Kunst der Hoffnung, Gütersloh 2003.

Dr. Jochen Kunath ist seit 2015 theologischer Vorstand des Evangelischen Diakoniekrankenhauses und Vorsteher des Diakonissenhaus in Freiburg. Vorher war er 12 Jahre lang Gemeindepfarrer. Er ist zudem Schriftleiter der Badischen Pfarrvereinsblätter und Autor für die Pastoralblätter.

Theologische Orientierungen
Theological Orientations

Arno Wittekind
Entfesselte Gemeinschaft
Exoduserzählung und 10 Gebote als Wegweiser für Gottesdienst und kirchlichen Aufbruch. Ein Handbuch für die Arbeit in Gemeinde und Kirchenleitung
Die großen Kirchen gestalten zurzeit einen Veränderungsprozess, um Überkommenes zu erhalten und Neues zu ermöglichen. Es geht um innere Aufbrüche und gottesdienstliche Erneuerung in einer Zeit des äußeren Rückbaus. Für diese Aufgabe mangelt es weniger an praktischer Literatur, sondern eher an Hilfen für die biblisch-theologische Fundierung von Leitungsentscheidungen. Der Autor möchte aus Exoduserzählung und 10 Geboten Wegweisendes für die Gegenwart erschließen. Der Reichtum der biblischen Überlieferung soll für alle fruchtbar gemacht werden, die nach Orientierung für den Weg der Kirchen fragen.
Bd. 36, 2019, 520 S., 39,90 €, br., ISBN 978-3-643-14405-8

Reinhard Glöckner
Glauben in Europa – denken und bekennen
Zugänge zum Glaubensbekenntnis und zum Mensch-Person-Verständnis
Drei Texte sind für die Menschen der Aufklärung in Europa geschrieben, seien sie einer Religion zugehörig oder nicht.
Der Erste skizziert den Glauben an den Messias/Christus in Judentum, Christentum und als den Gesandten Jesus im Islam. Er sagt aus über das Selbstverständnis Jesu Christi und über die Ansichten zur Religion von säkularen Menschen heute.
Der Zweite begleitet einen Menschen als Person von der Empfängnis bis zum Ende seines Lebens inmitten der Mächte, die sein Leben bestimmen.
Der Dritte ist ein Denkanstoß zum Apostolischen Glaubensbekenntnis der Kirchen, geschrieben auf Anfrage der Theol. Fakultät der Universität Greifswald.
Bd. 35, 2019, 70 S., 16,90 €, br., ISBN 978-3-643-14236-8

Manfred Richter
Oh sancta simplicitas!
Über Wahrheit, die aus der Geschichte kommt. Ein Essay zum Ökumenismus
1000 Jahre Ost-West-Kirchentrennung und 500 Jahre Reformationsgedenken brachte den Kirchen Freiheit, ihre Heils- und Unheilsgeschichte zu bedenken. Kritisch-konstruktive Streifzüge spüren der „Wahrheit aus der Geschichte" nach (Papst Johannes Paul II.) entlang Papstrevolution/en, Konzili/en, Reformation/en. Oh sancta simplicitas! rief Hus am Scheiterhaufen aus. Nach siebzig Jahren ökumenischen Aufbruchs ist es Zeit für die eine christliche Stimme in dieser Welt der Gewalttätigkeit. Debattieren Sie mit für eine erste Enzyklika, ökumenisch. Rom und Genf zusammen. Jetzt. manfred-richter.berlin.de
Bd. 34, 2018, 484 S., 34,90 €, br., ISBN 978-3-643-14059-3

Cornelia Schrader
Von der Namenlosen zur Verkünderin
Begegnung mit Maria Magdalena
Maria Magdalena gilt als Jüngerin Jesu und ist von der katholischen Kirche zur Apostelin erhoben worden. Dieses Buch erzählt und deutet die Geschichte der Frau, die als Namenlose in die Geschichte eintritt und am Ostermorgen den Auftrag zur Verkündigung erhält. Erzählungsgrundlage sind die Bibel und die mittelalterliche Legenda Aurea des Jacobus de Voragine.
Das reich bebilderte Buch gibt konkrete Hinweise für Besinnungstage über Maria Magdalena und kann als Anleitungsbuch für Menschen dienen, die in kirchlichen Zusammenhängen meditative Gruppenangebote machen.
Bd. 33, 2018, 112 S., 19,90 €, br., ISBN 978-3-643-13903-0

Steven Paas
Luther on Jews and Judaism
A Review of his 'Judenschriften'
This is a study of what and why Luther wrote about the Jews and the religion of Judaism, as part of his theological concept viewed as a whole.
Luther: 'God wanted to point out that the Messiah would be a brother and a cousin of both the Jews and the Gentiles, if not according to their paternal genealogy, at least according to their maternal nature [Tamar, Ruth, Rahab, and Bathsheba]. Consequently, there is no difference between Jews and Gentiles, except that Moses later separated this people from the Gentiles by a different form of worship and political regime. Moreover, these things were written to make it known to all that the Messiah would gather the Gentiles and the Jews into one and the same Church, just as they are joined by nature and consanguinity.'
Lecture in 1544 on *Genesis* 38:1-5, LW 7, p.15; WA 44, p. 312.
Bd. 32, 2017, 102 S., 19,90 €, br., ISBN 978-3-643-90947-3

LIT Verlag Berlin – Münster – Wien – Zürich – London
Auslieferung Deutschland / Österreich / Schweiz: siehe Impressumsseite

Entwürfe zur christlichen Gesellschaftswissenschaft
Prof. Dr. Günter Brakelmann, Prof. Dr. Traugott Jähnichen (Bochum), Prof. Dr. Karl-Wilhelm Dahm Prof. Dr. Hans-Richard Reuter (Münster) und Prof. Dr. Arnulf von Scheliha (Münster)

Roland Mierzwa
Gutes Arbeiten, das Zukunft hat
Eine Arbeitsethik
„Wer sich über die gegenwärtige Diskussion in Wissenschaft und Öffentlichkeit über das Thema „Arbeit" umfassend informieren möchte; wer Interesse daran hat, sich mit dem Thema „Arbeit" theologisch und ethisch auseinanderzusetzen; wer wissen möchte, wie sich die Arbeitswelt in der Zukunft verändern wird und wer in diesem Diskurs eine klare Position beziehen möchte, der sollte dieses Buch kaufen und mit großem Gewinn lesen". (OKR a.D. Dr. Wolfgang Leineweber)
Bd. 40, 2020, 112 S., 24,90 €, br., ISBN 978-3-643-14553-6

Clemens Wustmans; Maximilian Schell (Hg.)
Hermeneutik
Fundamentaltheologische Abwägungen – materialethische Konsequenzen
Wie funktioniert *Verstehen*? Die Grundfrage der Hermeneutik als Wissenschaftsdisziplin konfrontiert eine Theologie, die nicht nur innerhalb eigener Mauern relevant sein will, sondern öffentlich zu Herausforderungen einer komplexen Wirklichkeit Stellung bezieht, zwangsläufig mit der Frage, auf welchem Fundament sie steht und wie sie angesichts der Pluralität biblischer Traditionen Kriterien des Verstehens benennen und Orientierung geben kann.
Dreizehn Beiträge widmen sich fundamentaltheologischen sowie konkreten materialethischen Themen und beleuchten deren hermeneutische Dimensionen.
Bd. 39, 2019, 208 S., 34,90 €, br., ISBN 978-3-643-14473-7

Günter Brakelmann
Kirche, Protestantismus und Soziale Frage im 19. und 20. Jahrhundert
Band 2: Beiträge zur Theologie, Anthropologie und Ethik der Arbeit – Zukunft der Arbeit – Gestaltung der „Sozialen Marktwirtschaft"
Der Verfasser hat über 50 Jahre die politische, gesellschafts- und sozialpolitische Entwicklung der Bundesrepublik intensiv miterlebt. Als engagierter politischer Mensch hat er sich als Sozialpfarrer und Professor für evangelische Sozialethik und Zeitgeschichte an der Ruhr-Universität Bochum besonders für die Weiterentwicklung der Arbeitnehmerrechte im Betrieb und im Unternehmen im Rahmen des Modells der Sozialen Marktwirtschaft eingesetzt. Die einzelnen Aufsätze und Reden spiegeln diesen argumentativen Einsatz für den Ausbau unseres Sozialstaates wider.
Bd. 38, 2018, 286 S., 39,90 €, gb., ISBN 978-3-643-14185-9

Günter Brakelmann
Kirche, Protestantismus und Soziale Frage im 19. und 20. Jahrhundert
Band 1: Personen und Positionen in der Geschichte des sozialen Protestantismus – Kirche und Arbeiterbewegung – Ruhrgebietsprotestantismus
Der Verfasser hat über 50 Jahre die politische, gesellschafts- und sozialpolitische Entwicklung der Bundesrepublik intensiv miterlebt. Als engagierter politischer Mensch hat er sich als Sozialpfarrer und Professor für evangelische Sozialethik und Zeitgeschichte an der Ruhr-Universität Bochum besonders für die Weiterentwicklung der Arbeitnehmerrechte im Betrieb und im Unternehmen im Rahmen des Modells der Sozialen Marktwirtschaft eingesetzt. Die einzelnen Aufsätze und Reden spiegeln diesen argumentativen Einsatz für den Ausbau unseres Sozialstaates wider.
Bd. 37, 2018, 412 S., 49,90 €, gb., ISBN 978-3-643-14184-2

Nina Behrendt-Raith
Diakonisches Handeln von Kirchengemeinden am Beispiel des Ruhrgebiets
Eine qualitative Studie zu Einflussfaktoren und Handlungsperspektiven der Gemeindediakonie
„Gemeinde" und „Diakonie" sind zwei Begriffe, die angesichts großer sozialwirtschaftlicher Organisationen heute immer weniger zusammen gedacht werden. Die Autorin nimmt in dieser Studie die vielfach vergessene Gemeindediakonie in den Blick und identifiziert mithilfe von Expert/innen-Interviews erstmalig Faktoren für ein gelungenes diakonisches Handeln von Kirchengemeinden. Dabei zeigt sich, dass nicht nur das Ehrenamt eine bedeutsame Rolle spielt, sondern auch Netzwerke, Kooperationen und ein gutes Verhältnis zur institutionalisierten Diakonie.
Bd. 36, 2018, 240 S., 29,90 €, br., ISBN 978-3-643-14055-5

LIT Verlag Berlin – Münster – Wien – Zürich – London
Auslieferung Deutschland / Österreich / Schweiz: siehe Impressumsseite

LLG – Leiten. Lenken. Gestalten
Theologie und Ökonomie

Prof. Dr. Johannes Degen, Dr. h.c. Jürgen Gohde, Prof. Dr. Hendrik Höver, Prof. Dr. Udo Krolzik, Prof. Dr. Dierk Starnitzke

Alexander Dietz; Hendrik Höver (Hg.)
Gemeinwesendiakonie und Unternehmensdiakonie
Gemeinwesendiakonie bringt organisierte Diakonie und verfasste Kirche mit anderen Akteuren im Quartier auf eine völlig neue Art und Weise zusammen. Die Chancen und Herausforderungen, die in diesen strategischen Kooperationen liegen, werden in diesem interdisziplinären Sammelband sowohl aus theologischer und ethischer, als auch aus sozialwissenschaftlicher und ökonomischer Perspektive analysiert. So werden etwa theologische Begründungsfiguren ebenso reflektiert, wie praktische Auswirkungen von Gemeinwesenorientierung auf die Innovations- und Führungsfähigkeit diakonischer Unternehmen. Praxisbeispiele runden den Band ab.
Bd. 41, 2019, 154 S., 24,90 €, br., ISBN 978-3-643-14201-6

Björn Görder; Julian Zeyher-Quattlender (Hg.)
Daten als Rohstoff?
Die Nutzung von Daten in Wirtschaft und Kirche aus ethischer Perspektive
Daten bilden den „Rohstoff" der Digitalisierung. Ihre umfassende Erhebung, Verknüpfung und Auswertung sind grundlegend für alle Digitalisierungsprozesse. In nahezu allen Bereichen der Gesellschaft verbinden sich mit der Nutzung von Daten Potenziale und Chancen, aber auch Risiken und Gefahren. Der vorliegende Band geht diesem Phänomen in ethischer, erkenntnistheoretischer und anthropologischer Hinsicht nach und versammelt dabei Perspektiven aus unterschiedlichen Wissenschaften und Praxisfeldern. Einen Schwerpunkt bilden theologische Zugänge und die Frage nach dem Umgang mit Daten in Wirtschaft, Diakonie und Kirche.
Bd. 40, 2019, 272 S., 29,90 €, br., ISBN 978-3-643-14093-7

Eugen Hertel
Konzeption eines Gemeindemanagement-Modells zur Bewältigung von Komplexität
Ein systematischer Impuls aus freikirchlicher Perspektive
Die Gemeinde ist ein vielschichtiges Phänomen. Neben der sichtbaren Organisation mit konkreter Rechtsform gibt es auch eine transzendente Perspektive. Um Gemeinde erfolgreich gestalten zu können, müssen theologische Fragen beantwortet, gesellschaftliche Entwicklungen berücksichtigt und betriebswirtschaftliche Kenntnisse beherrscht werden. Dieses Zusammenspiel führt zu einer hohen Komplexität für die Mitarbeiter, die nicht selten überfordert sind. Die vorliegende Arbeit bildet eine gemeinsame Sprache und einen Ordnungsrahmen für die Reflexion, Diskussion und Bearbeitung von Komplexität.
Bd. 39, 2016, 334 S., 29,90 €, br., ISBN 978-3-643-13527-8

Miroslav Danys
Diakonie im Herzen Europas
Ursprünge, Entwicklungen und aktuelle Herausforderungen in West & Ost, neu betrachtet aus Anlass des Reformationsjubiläums
Die Devise „zu den Quellen", die alle reformatorischen Bewegungen in der Kirche verbindet, bezieht sich einerseits auf die in der Hl. Schrift aufgezeichnete Botschaft, andererseits auf den sozialen Auftrag des Evangeliums. Die frohe Botschaft, gepredigt im politischen Raum, stiftet den Liebesdienst am Nächsten: die Diakonie. Sie verbindet die Kirchen genauso stark, wie die reformatorische Verkündigung des Evangeliums selbst.
Bd. 38, 2017, 148 S., 34,90 €, br., ISBN 978-3-643-13408-0

Wolfgang Helbig
Transformation
Vom Diakonissenmutterhaus zum diakonischen Unternehmen
Wie lässt sich ein traditionelles Diakonissenmutterhaus mit vielfältigen Arbeitszweigen (Krankenhaus, Altenzentren, Aus- und Weiterbildungsstätten, Kirchengemeinde) in ein zukunftsoffenes diakonisches Unternehmen überführen? Die Arbeit beschreibt einen langen, in Anlehnung an das St. Galler Managementmodell konzipierten Transformationsprozess. Sie fragt, wie ein solcher Wandel innerhalb der Diakonie theologisch zu begründen und zu vertreten ist.
Das Buch richtet sich an alle, die in Diakonie und Kirche arbeiten, verantwortlich gestalten und leiten.
Bd. 37, 2016, 614 S., 39,90 €, br., ISBN 978-3-643-13196-6

Hendrik Höver
Entscheidungsfähigkeit in diakonischen Unternehmen
Eine St. Galler Management-Studie
Bd. 36, 2015, 336 S., 29,90 €, br., ISBN 978-3-643-13022-8

LIT Verlag Berlin – Münster – Wien – Zürich – London
Auslieferung Deutschland / Österreich / Schweiz: siehe Impressumsseite

Ästhetik – Theologie – Liturgik
Prof. Dr. Dr. h. c. Horst Schwebel (Marburg) und
Prof. Dr. Albert Gerhards (Bonn)

Brigitte Enzner-Probst
Frauenliturgien neu entdeckt
Performative Potenziale in der liturgischen Praxis von Frauen. Mit einem Quellenanhang
Die Frauenliturgiebewegung ist die mit Abstand innovativste liturgische Reformbewegung des 20. Jahrhunderts. Ab 1980 bis heute wurden in zahllosen Liturgiegruppen Tausende von Gottesdiensten gestaltet und gefeiert. Ein beziehungsreiches, schöpferisches Gottesbild, eine „bewegte Spiritualität", sowie eine Relektüre biblischer Texte, angeregt durch feministische Exegese, fördert überraschende Einsichten zu Tage.
Mit dieser Neuauflage macht die Autorin ihre überarbeitete Untersuchung von Frauenliturgien zusammen mit dem Quellenband einer breiteren LeserInnenschaft zugänglich.
Bd. 72, 2. Aufl. 2019, 472 S., 49,90 €, br., ISBN 978-3-643-14271-9

Reinhard Leuze
Schönheit – Glaube – Vision
Eine theologische Ästhetik
Gott und das Schöne – eine eigentümliche Verbindung. In jeder Religion hat sie in jeweils spezifischer Weise ihre Gestalt gewonnen. Für das Christentum steht die Verehrung der Ikone am Anfang. Von ihr ausgehend entfaltet der erste Teil eine Theologie des Bildes, die am Anfang dieses Buches steht.
Im zweiten, der Musik vorbehaltenen Teil stehen zunächst geistliche Werke, vor allem herausragende Vertonungen des Messetextes im Vordergrund. Darüber hinaus richten wir unsere Aufmerksamkeit auf die spirituelle Dimension weltlicher Musik, einzelne Sinfonien G. Mahlers finden hier eine eingehende Würdigung. Schließlich wenden wir uns religiösen Opern zu, genauer gesagt der *Zauberflöte, Parsifal* und Schönbergs *Moses und Aron*. Der dritte Teil schließt mit Ausführungen zum Kirchenbau das Werk ab.
Bd. 70, 2019, 256 S., 39,90 €, gb., ISBN 978-3-643-14137-8

Jörg Mohn
Osternacht
Spiegel und Impulsgeberin eines veränderten evangelischen Gottesdienst- und Liturgieverständnisses
Die Osternacht ist eine sehr alte gottesdienstliche Feiergestalt, die unter den Bedingungen der Gegenwart neu an Bedeutung gewonnen hat. In ihrem liturgischen Profil stellt sie in der Spannweite zwischen traditionsgeprägten und neugestalteten Formen ein liturgisches Lernfeld par excellence dar. Sie verändert die gottesdienstliche Dramaturgie des Osterfestkreises und regt auf vielfältige Weise gottesdienstliche Praxis an. Somit konkretisiert der Autor gegenwärtige liturgiewissenschaftliche Konzepte an einem besonderen Fall und kommt zu grundsätzlichen liturgiewissenschaftlichen Folgerungen für die Gegenwart.
Bd. 69, 2018, 408 S., 39,90 €, br., ISBN 978-3-643-14017-3

Wolfgang Vögele
Sono auribus viventium
Kultur und Theologie des Glockenläutens in Reformation und Moderne
Zum ersten Mal werden in dieser Arbeit die Läuteordnungen der Reformation einer kritischen Sichtung unterzogen, denn neben der Theologie, Gottesdienst und Liturgie veränderten die Reformatoren auch die Praxis des Glockenläutens. In der Moderne trat neben das Läuten der Glocken eine Vielzahl von anderen Geräuschen wie Verkehrs- und Motorenlärm. Das führte zum einen zu einer Romantisierung des Geläuts, das sich in der Lyrik zeigte, zum anderen zu einer Konzentration des Glockenschlags weg von der Zeitanzeige hin zu geistlichen Zwecken. Darum stellt sich am Ende die Frage, wie das Glockenläuten im Soundscape der Gegenwart als eine Funktion gemeindlichen Handelns erhalten werden kann.
Bd. 68, 2017, 258 S., 24,90 €, br., ISBN 978-3-643-13742-5

Christine Lungershausen
Anderssehen in räumlichen Wechselspielen
Wie lässt sich Sinneröffnung am Ort zeitgenössischer Kirchenfenster beschreiben?
Zeitgenössische Kunst irritiert. In Kirchen allzumal. Was ist theologisch produktiv an solchen Irritationen? Als „Anderssehen in räumlichen Wechselspielen" lässt sich beschreiben, was Kunst in Kirchen eröffnen kann: ein Anderssehen des Raumes wie des Dargestellten und des Raumes selbst. Das entwirft die Autorin mittels phänomenologischer Ansätze der Raum- und Bildtheorie und anhand von zeitgenössischen Kirchenfenstern in Köln, Zürich und Naumburg. Die theologische Relevanz: Christlicher Glaube übt sich ein in der ihm eigenen Fremdheitskompetenz. Denn Fremdheit und Andersheit sind dem Glauben eigen wie Vertrauen auch.
Bd. 67, 2017, 320 S., 34,90 €, br., ISBN 978-3-643-13716-6

LIT Verlag Berlin – Münster – Wien – Zürich – London
Auslieferung Deutschland / Österreich / Schweiz: siehe Impressumsseite